元宇宙简史

简 史

陈昕 编

化学工业出版社

·北京·

内容简介

本书是一本元宇宙入门图书，用图文结合的方式，通俗易懂地介绍了元宇宙的概念、场景、关键技术以及发展前景，帮助大众读者了解元宇宙。

本书适合对元宇宙感兴趣的人阅读。

图书在版编目（CIP）数据

元宇宙简史/陈昕编． —北京：化学工业出版社，2024.6

ISBN 978-7-122-44726-5

Ⅰ．①元… Ⅱ．①陈… Ⅲ．①信息经济-经济史-世界-通俗读物 Ⅳ．①F491-49

中国国家版本馆CIP数据核字（2024）第053064号

责任编辑：于成成 宋 辉　　　　文字编辑：侯俊杰 温潇潇
责任校对：宋 夏　　　　　　　　装帧设计：王晓宇

出版发行：化学工业出版社
　　　　　（北京市东城区青年湖南街13号 邮政编码100011）
印　　装：天津裕同印刷有限公司
710mm×1000mm　1/16　印张13¾　字数198千字
2024年6月北京第1版第1次印刷

购书咨询：010-64518888　　　　售后服务：010-64518899
网　　址：http://www.cip.com.cn
凡购买本书，如有缺损质量问题，本社销售中心负责调换。

定　　价：69.00元　　　　　　　　版权所有　违者必究

序

　　元宇宙的意义在于它集中了微电子（集成电路）技术、计算机技术和网络技术为其数字基座，并在此之上又构建了人工智能（AI）、大数据、区块链等构件，用户通过虚拟现实（VR）/增强现实（AR）显示、3D建模等设备或工具可以加入元宇宙或在元宇宙中创造内容。目前，元宇宙的应用已经从社交媒体、网络游戏等个人或群体层面走向数字地球、航天元宇宙、教育元宇宙等更高的层面，元宇宙的发展已经势不可挡。在这样的背景下，向广大读者普及元宇宙知识是一件非常有意义的事情。

　　元宇宙涉及多个学科和领域的众多知识，如何合理地组织这些知识，并以通俗易懂的方式表达出来，进而激发读者对探索科学技术奥秘的兴趣，并不是一件容易的事。作为一本元宇宙的科普读物，我个人认为一是要包含元宇宙的基础知识，如微电子、计算机和网络知识；二是要包含元宇宙的核心技术原理及其重要应用，如显示技术、区块链、人工智能、大数据、医疗元宇宙、教育元宇宙等；三还要深入浅出，文笔流畅。该书很好地满足了这些要求。

　　这本书的作者陈昕曾是我在同济大学的同事，她的专业领域是微电子科学与技术、计算机科学与技术，而且长期从事相关方向的科研和教学工作，积累了丰富的经验，为该书的写作提供了良好的基础。

　　本书的出版，我相信一定会对广大读者大有裨益。

江建君

同济大学软件学院教授、博导

前言

　　2021年被称为元宇宙"元年"，在这一年发生了很多关于元宇宙的热点事件，比如：3D游戏社区Roblox正式登陆纽交所，成为元宇宙"第一股"；特斯拉CEO马斯克宣布将收购Twitter，开始进军媒体业；美国社交媒体Facebook（脸书）公司正式更名为Meta。感受到上述事件热度的不仅有媒体行业，还有科技领域，专业人士开始把元宇宙当作行业发展的不可缺少的驱动力，出版业也把普及元宇宙知识看作重中之重。在这样的背景下，出版社的编辑向我所在的学院发出了"写一本元宇宙科普书"的邀请。我受到出版社热情的感染，另外也愿意用自己的专业知识为广大读者做些力所能及的事情，就欣然接受了这个邀请。

　　元宇宙还是一个新生的事物，但可以肯定的是，它的出现不仅是信息技术发展到一定阶段的产物，而且是值得我们以极大的热情去拥抱的现象。写这本书的宗旨是帮助读者理解元宇宙，特别是元宇宙技术层面的知识。由于元宇宙的动态演进，本书在组织方式上没有按元宇宙的技术版图设计内容，而是采用了按时间顺序的方式，同时兼顾各板块的热点，力争满足读者的需求。

　　本书各章内容如下：第1章主要介绍在元宇宙热度被点燃以前的科技发展，包括电子计算机的产生和发展、半导体集成电路的产生和发展，以及互联网的起源和发展；第2章主要反映大家身边的跟元宇宙相关的点点滴滴，从我们看到的和我们参与的事物中捕捉元宇宙的踪影；第3章主要介绍支持元宇宙发展的关键技术，包括作为元宇宙入口的显示技术、初步体现元宇宙形态的游戏开发引擎技术、创建元宇宙内容的3D建模技术，还有元宇宙赖以生存的网络技术和作为算力基础的计算技术；第4章介绍元宇宙的应用技术发展、脑机连接的前沿技术、移动互联网的发展和产业生态的主要特征；第5章通过元宇宙的潜在需求和潜在的技术变革透视热点背后的元宇宙发展。

本书面向对元宇宙感兴趣的人群。由于元宇宙技术涉及一些专业内容，因此为了读懂此书，读者需要具备计算机和网络方面的入门知识。

由于元宇宙涉及的专业领域和技术层面几乎涵盖了现代科技的各个方面，反映的是一个镜像宇宙，作者虽然在撰写的过程中阅读了许多相关资料，但也难免有疏漏的地方，欢迎读者批评指正。

江建慧教授在百忙中为本书写了序言，在此向他表示诚挚的谢意！还要感谢我在同济大学的有关同事，以及我的父母、叔婶和上海的一众亲友，对他们在本书撰写过程中对我的关注和支持，在此表示感谢！

目录

1

元宇宙的孕育

001 ————

1.1　计算机的发展　002

　　1.1.1　ABC计算机　003

　　1.1.2　现代计算机设计思想　004

　　1.1.3　伟大发展　006

1.2　集成电路的发展与壮大　011

　　1.2.1　集成电路的诞生与发展　011

　　1.2.2　"摩尔定律"时代　014

　　1.2.3　SoC设计方法　015

　　1.2.4　GPU的重要影响　018

1.3　互联网的发展　019

　　1.3.1　TCP/IP协议　020

　　1.3.2　Web 2.0　021

　　1.3.3　高速发展的互联网　023

1.4　本章小结　024

2.1　你所看到的元宇宙　　　　　028

　　2.1.1　虚拟主持人　　　　028

　　2.1.2　科幻电影　　　　　031

　　2.1.3　各种机器人　　　　033

2.2　你能参与的生活场景　　　037

　　2.2.1　在线会议　　　　　037

　　2.2.2　社交媒体　　　　　040

　　2.2.3　娱乐电竞　　　　　043

2.3　本章小结　　　　　　　046

2

你身边的元宇宙

027 ————

3

元宇宙的关键
技术

049 ————

3.1　显示技术　　　　　　　050

　　3.1.1　显示设备　　　　　050

3.1.2　图像渲染　　　055

3.2　游戏引擎　　　059

3.2.1　操作平台　　　060

3.2.2　引擎内核　　　062

3.3　3D建模　　　064

3.3.1　建模技术　　　064

3.3.2　建模方法　　　066

3.4　网络技术　　　070

3.4.1　宽带移动通信　　　071

3.4.2　5G应用场景及性能指标　　　075

3.4.3　移动边缘计算　　　077

3.5　计算技术　　　080

3.5.1　高性能计算　　　080

3.5.2　云计算　　　084

3.5.3　边缘计算　　　088

3.5.4　端侧算力　　　089

4.1	AI（人工智能）及其应用	099
	4.1.1　机器学习	100
	4.1.2　自然语言处理	102
	4.1.3　智能汽车	104
	4.1.4　智能家居	107
4.2	大数据	108
	4.2.1　分析处理	110
	4.2.2　实际应用	112
4.3	脑机接口	114
	4.3.1　脑电图应用	114
	4.3.2　侵入式脑机接口	117
	4.3.3　伦理问题	118
4.4	区块链	121
	4.4.1　构成技术	121
	4.4.2　数字货币	124

4

元宇宙的发展

097 ————————

4.4.3　物联网　　　　　　　　　　　126

4.4.4　远程医疗　　　　　　　　　　128

4.5　5G移动通信　　　　　　　　　　130

4.5.1　建设成就　　　　　　　　　　131

4.5.2　九大应用领域　　　　　　　　134

4.6　元宇宙产业生态　　　　　　　　139

4.6.1　内容生态　　　　　　　　　　139

4.6.2　虚拟数字人　　　　　　　　　140

4.6.3　感知交互　　　　　　　　　　144

4.6.4　经济活动　　　　　　　　　　147

4.6.5　操作系统　　　　　　　　　　149

4.6.6　引擎　　　　　　　　　　　　151

4.6.7　算力　　　　　　　　　　　　155

5.1　元宇宙的重要应用　　　165

　　5.1.1　地球元宇宙　　　165

　　5.1.2　航天元宇宙　　　168

　　5.1.3　文化元宇宙　　　170

　　5.1.4　教育元宇宙　　　174

　　5.1.5　医疗元宇宙　　　177

5.2　数字永生的美好愿景与现实局限　　　182

　　5.2.1　共生社会　　　182

　　5.2.2　数字永生　　　183

　　5.2.3　虚拟人、机器人的独立性　　　187

　　5.2.4　虚实平衡　　　190

5.3　推动元宇宙发展的技术变革　　　192

　　5.3.1　脑科学助力 AI 发展　　　192

　　5.3.2　量子技术突破性提升算力　　　195

　　5.3.3　核聚变初步解决能源问题　　　198

　　5.3.4　AI 技术赋予机器智能　　　199

　　5.3.5　人类创造元宇宙文明　　　203

5

**元宇宙的后未来
时代**

163 ——————

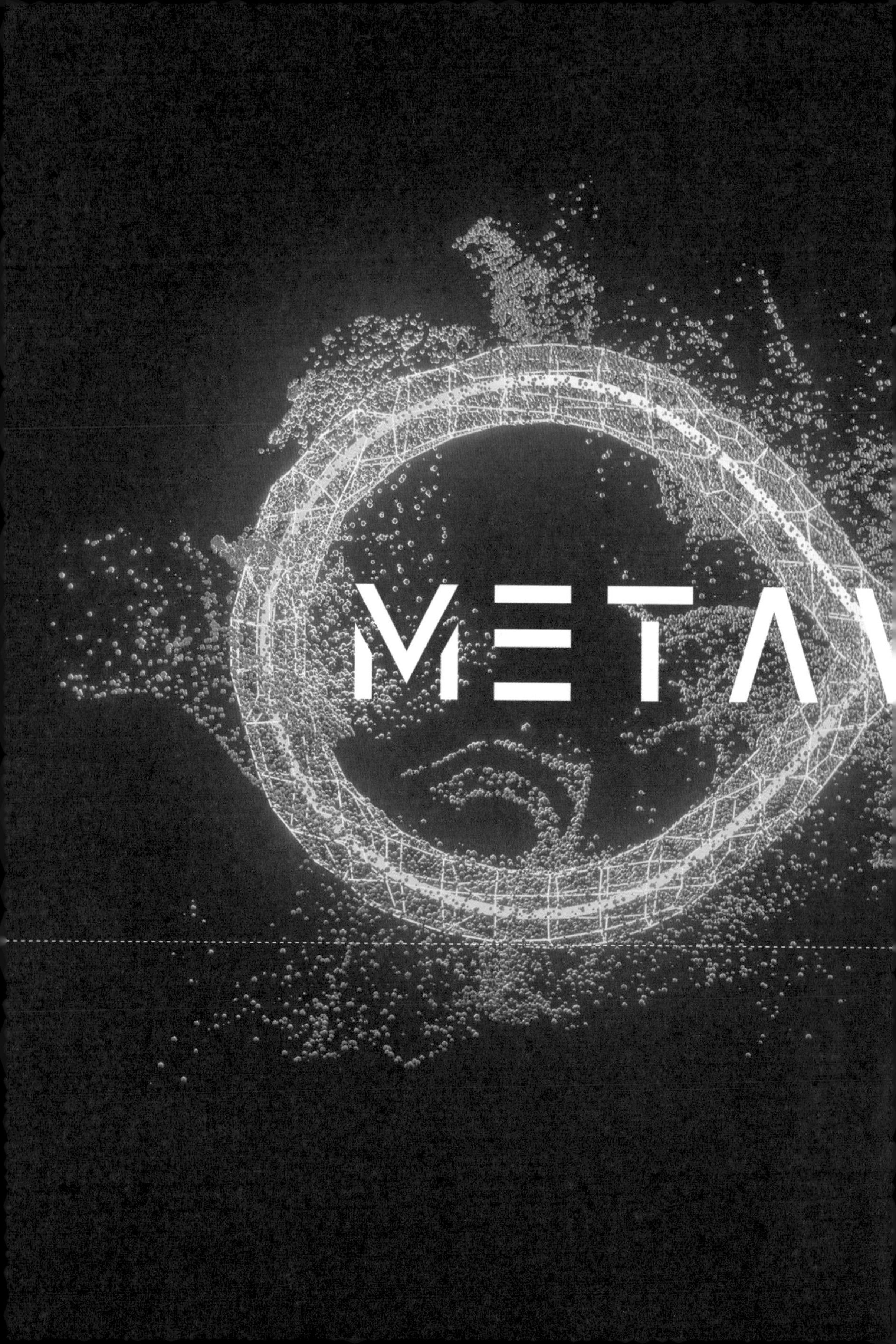
META

元宇宙
META
VERSE

ERSE

1

元宇宙的
孕育

如果可以把元宇宙比作一个尚未诞生的胎儿，那么她就孕育在信息社会的母体中。计算机中央处理器是她的大脑，互联网构成她的神经系统，数字硬件是她的骨骼，而5G是让她长成美丽少女的技术基因。从本章开始，让我们一起步入元宇宙的过去、现在和将来。

1.1　计算机的发展

计算工具的演化经历了由简单到复杂、从低级到高级的不同阶段，例如从"结绳记事"中的绳结到算筹、算盘、计算尺、机械计算机等。上面这些计算工具的共同特征是需要通过一定的人力完成计算数据的输入（例如拨动算珠、设置机械计算机的初始状态等），计算过程肉眼可见，这一类计算工具可以归入"物理计算工具"。

与物理计算工具相对应的是电子计算工具，这类工具的共同特征是计算数据的输入可以通过（或不通过）一定的人力来完成（例如早期计算机的纸带输入是需要通过一定人力来完成的，但存储程序计算机的数据是通过键盘输入到内部存储器的，人力消耗可以忽略不计），程序的计算过程通过电子电流的形式完成。

通过这种崭新计算工具的研制，人类已经开启了通往虚拟空间的征程。

1.1.1　ABC计算机

电子计算机的开拓过程，经历了从制作部件到整机、从专用机到通用机、从"外加式程序"到"存储程序"的演变。计算机界公认的世界上第一台电子计算机是阿塔纳索夫–贝瑞计算机（Atanasoff-Berry Computer，通常简称ABC计算机），该机由美国科学家阿塔纳索夫在1937年开始设计，不可编程，仅仅设计用于求解线性方程组，并在1942年成功进行了测试。现在的美国有一个计算机历史博物馆（Computer History Museum，CHM），其中保存着这台计算机的复制品，如图1.1所示。

图1.1　ABC计算机（复制品）

ABC计算机开创了现代计算机的先河，其标志性特征包括二进制计算和电子开关，但是因为不可编程、缺乏程序存储机制，还不能称其为真正的现代计算机。

ABC计算机是由美国爱荷华州立大学物理系副教授约翰·阿塔纳索夫（John Vincent Atanasoff）与其合作者克利福特·贝瑞（Clifford Berry，当时是物理系的研究生）共同研制的。他们用了300个电子管来组装这部机器，并取名为ABC。后因太平洋战争爆发，阿塔纳索夫应征入伍，因此中断了对ABC的研究。

而ENIAC（electronic numerical integrator and computer）曾一直被

人们误认为是世界上第一台真正意义上的电子计算机。它的负责人是莫奇利（John W.Mauchly）和埃科特（John Presper Eckert Jr.），他们在ENIAC完成之后马上为其申请了美国专利，由此也开始了世界上第一台通用电子计算机的发明人之争。直到1973年，美国明尼苏达地区法院才给出正式判决，决定推翻并吊销莫奇利的专利，从法律上认定了阿塔纳索夫才是真正的现代计算机发明人。

我们不妨设想一下，如果阿塔纳索夫没有参加太平洋战争，那么他会不会完成世界上第一台通用电子（数字）计算机的研制？果真如此，那么第一台现代计算机发明人的争议也就不复存在了。揭开这段尘封的历史，不管怎样阿塔纳索夫、莫奇利等人的智慧之光还是那么闪亮，不断启迪着后人的创新思维。

1.1.2 现代计算机设计思想

埃尼阿克（ENIAC）诞生于1946年2月14日的美国宾夕法尼亚大学，并于次日正式对外公布。

ENIAC长30.48米，宽6米，高2.4米，占地面积约180平方米，30个操作台，重达30吨，耗电量140千瓦，造价48万美元。它包含了17468个真空管（电子管）、7200个晶体二极管、70000个电阻器、10000个电容器、1500个继电器和6000多个开关。计算速度是每秒5000次加（减）法或400次乘（除）法，是基于继电器的机电式计算机的1000倍，或手工计算的20万倍，如图1.2所示。

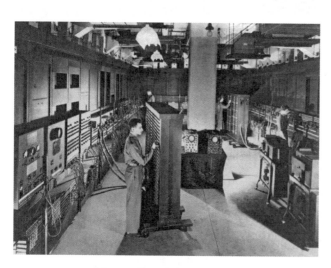

图1.2 体积庞大的ENIAC

战争需求

研制电子计算机的想法产生于第二次世界大战期间。当时激战正酣，各国的武器装备中占主要地位的战略武器就是飞机和大炮，因此研制和开发新型大炮和导弹就显得十分迫切和必要。为此，美国陆军军械部在马里兰州的阿伯丁设立了弹道研究实验室。

美国军方要求该实验室每天为陆军导弹部队提供6张弹道数据表以对导弹的研制进行技术鉴定。实际上，每张弹道数据表都要计算几百条弹道，而每条弹道的数学模型都是一组非常复杂的非线性方程组。这些方程组是没有办法求出精确解的，因此只能用数值方法进行近似计算。

不过使用数值方法求近似解也不是一件容易的事！用当时的计算工具，实验室即使雇佣200多名计算员加班加点工作也大约需要两个多月的时间才能算完一张表格。为了改变这种不利的状况，时任宾夕法尼亚大学莫尔电机工程学院的莫奇利于1942年提出了试制第一台电子计算机的初步构想——"高速电子管计算装置的使用"，期望用电子管代替继电器以提高机器的计算速度。

美国军方得知这一设想，马上拨款大力支持，成立了一个以莫奇利、埃科特为首的研制小组开始研制工作。

计算机专家冯·诺依曼加入研制

十分幸运的是，时任弹道研究所顾问、正在参与美国第一颗原子弹研制工作的数学家冯·诺依曼（Von Neumann，1903—1957，匈牙利裔美国人）带着原子弹研制过程中（1944年）遇到的大量计算问题，加入了计算机研究小组。

原本的ENIAC存在一个重大缺陷，即没有存储器而使用插线板（plugboard）进行"编程"。整个计算机就是一个巨大的插线板，通过在板子上不同的插头或者接口的位置连接线路，来实现不同的功能。这样的计算机自然是"可编程"的，但是编写好的程序不能存储下来供下一次加载使用，不得不在每次要用到和当前不同的"程序"的时候，重新插接板子，重新"编程"。

"编程"甚至要花几天时间才能完成，计算速度被这一过程抵消了。

1945年，冯·诺依曼和他的研制小组在共同讨论的基础上，发表了一个全新的"电子离散变量自动计算机"方案——EDVAC（全称electronic discrete variable automatic computer）。在此过程中，他对计算机研制过程中遇到的许多关键性问题的解决作出了重要贡献，从而保证了计算机的顺利问世。

运行产生的高热量使电子管的平均无故障运行时间只有7分钟，因此人工维护的成本是非常高的。尽管ENIAC体积庞大、耗电惊人，但它比当时已有的机电计算机要快1000倍，而且还有"按事先存储的程序自动执行"算术运算、逻辑运算并进行数据存储的功能。因此，ENIAC宣告了一个新时代的开始，从此科学计算的大门也被打开了。

与人类发明的所有工具一样，计算机也是由于实际需要而得以问世的。18世纪以来，科学技术水平有了长足的进步。制造电子计算机所必需的逻辑电路知识和电子管技术已经在19世纪末和20世纪初出现并得以完善。因此，可以说制造计算机的基础科技知识已经完备了，信息时代的大幕正待开启。

1.1.3 伟大发展

人们当然不会满足于此，自第一台计算机问世以后，越来越多的高性能计算机被研制出来。计算机已从第一代计算机发展到了第四代计算机，正在向第五代计算机、量子计算机发展。

从最初占地超150平方米的ENIAC，到如今的智能手机、平板电脑，如果把计算机比作《西游记》里的金箍棒，那么，它不但在人类科学家的手中幻化成可以拿在手里的计算工具，其功能也从最初的科学计算向人们的日常生活靠近，并最终融入人们的日常生活。

第一代计算机：
电子管时代（1946—1957年）

1946年，埃尼阿克（ENIAC）在美国宾夕法尼亚大学莫尔学院诞生。

1949年，第一台存储程序计算机——EDSAC在剑桥大学投入运行，ENIAC和EDSAC均属于第一代电子管计算机。

第一代计算机的特点是操作系统是为特定任务而定制的，并且每种机器都有各自不同的机器语言。硬件上的特点则是使用磁鼓存储数据，而用电子管作为逻辑元件。

本阶段，计算机软件尚处于初始发展期，符号语言已经出现并被使用，主要用于科学计算方面。

第二代计算机：
晶体管时代（1958—1964年）

晶体管比电子管功耗小、体积小、重量轻、工作电压低、工作可靠性好。

1954年，美国贝尔实验室制成第一台晶体管计算机，命名为TRADIC，研制人是让·霍华德·费尔克。这台计算机的体积大大缩小，如图1.3所示。

1957年，美国制成全部使用晶体管的计算机，第二代计算机诞生了。

第二代计算机的主要逻辑部件采用晶体管，内存储器主要采用磁芯，外存储器主要采用磁盘，输入和输出方面有了很大的改进，价格大幅下降。在程序

图1.3　TRADIC计算机

（位于左边的人是费尔克）

设计上，出现了一些通用的算法和语言，其中影响最大的是FORTRAN语言。ALGOL和COBOL语言随后也相继问世，操作系统的雏形开始形成。

第二代计算机的运算速度比第一代计算机提高了近百倍。应用领域也扩展到了数据处理、工业控制等领域。

第三代计算机：
中小规模集成电路时代（1965—1971年）

20世纪60年代初期，美国的基尔比和诺伊斯发明了集成电路，引发了电路设计革命。随后，集成电路的集成度以每18个月翻倍的速度增长。

1962年1月，IBM公司采用双极型集成电路，生产了IBM 360系列计算机。1963年，DEC公司（后并入Compaq公司）交付了数千台PDP-5小型计算机。

第三代计算机用集成电路作为逻辑元件，进一步缩小了计算机体积。如图

图1.4　PDP-11计算机

1.4所示是一台PDP-11计算机，处理器在机器下部，其上安装了一个双DEC磁带驱动器。

其中一些小型计算机在程序设计技术方面形成了三个独立的拼图：操作系统、编译系统和应用程序，总称为软件系统。值得一提的是，操作系统中"并发程序"和"分时系统"等概念的提出，结合计算机终端的广泛应用，使得用户可以在自己的办公室或家中使用远程计算机的计算资源。应用领域上，除了进行科学计算，还可用于企业管理、自动控制、计算机

辅助设计和计算机辅助制造等领域。数据处理上，已经可以处理图像、文字等资料。

第四代计算机：
超大规模集成电路时代（1972－1980年）

1971年发布的Intel 4004，是微处理器的开端，也是大规模集成电路发展的一大成果。4004用大规模集成电路把运算器和控制器做在一块芯片上，虽然字长只有4位，且功能很弱，但它是第四代计算机在微型机方面的里程碑。

Intel公司不断推进着微处理器的革新，紧随4004之后，又研制成功了8位微处理器8008。1978年以后，16位微处理器相继出现，微型计算机达到一个新的高峰，如图1.5所示是配备Intel 8088微处理器（8086的变化机型）的IBM个人计算机。

图1.5　IBM个人计算机（显示器下方）——配备Intel 8088微处理器

Intel公司不断推进着微处理器的革新，相继研制成功了80286、80386、80486、奔腾（Pentium）、奔腾二代（Pentium Ⅱ）和奔腾三代（Pentium Ⅲ）。个人电脑（PC）不断更新换代，日益深入人心。

第五代计算机：
支持智能处理的计算机（1981年至今）

第五代计算机是为适应社会信息化的要求而提出的，与前四代计算机有着本质的区别，是计算机发展史上的一次重要变革。现代计算机已经具有强大的计算能力和极快的运算速度，但与人脑相比，其智能化程度仍有待提高。第五代计算机的主要特征是具备智能处理能力，能像人一样思考，人机之间可以直接通过自然语言（声音、文字）或图形图像交流互动，并能面向知识处理，具有形式化推理和学习的能力等。

量子计算

由于计算机发展速度很快，IEEE（Institute of Electrical and Electronics Engineering，电气电子工程师学会）计算机协会在对2022年计算机发展趋势的一份预测报告中，指出量子计算的重要性。报告认为，量子计算是符合物理规律的计算，因此有可能把摩尔定律（预测集成电路发展规律的著名定律）继续推向下一个十年。

什么是量子计算？

我们目前使用的计算机都是通过集成电路中电路的通断来实现0、1之间的区分，其基本单元为硅晶片，而量子计算机的基本运算单位是量子比特（qubit），它通过量子力学中的量子态来表示0或1，具有强大的并行计算能力，使它有能力快速完成经典计算机无法完成的工作。

量子计算的重要性

✧ 计算速度永远是计算机设计者们追求的永恒目标，为了实现这一目标，硬件工程师们千方百计设计出高性能的电脑芯片。当传统集成电路的发展接近极限，经典计算机中的晶体管数量就不会再增加了，计算速度也因此得不到提高。这时的量子计算机有可能超越经典的硅集成电路计算机。

✧ 在量子计算机中其各种硬件元件的尺寸达到原子或分子的量级，在理论上具有模拟任意自然系统的能力。目前认为，开发新型的量子算法来加速机器学习等人工智能计算任务也是非常有前途的方法。

1.2 集成电路的发展与壮大

1947年12月16日，历史上第一个晶体管诞生于美国新泽西州的贝尔实验室（Bell Laboratories）。发明者威廉·肖克利（William Shockley）、约翰·巴丁（John Bardeen）和沃尔特·布拉顿（Walter Brattain）因此获得了1956年的诺贝尔物理学奖，这一杰出成就为世界半导体产业的发展奠定了基础，使得之后集成电路（英文缩写IC，全称integrated circuits）的发明成为可能。

1.2.1 集成电路的诞生与发展

1958年9月12日，基尔比（Jack Kilby）和助手给阿德考克（Willis Adcock，当时是德州仪器开发部主管）和组里的其他同事演示了他的实验。基尔比紧张地将10伏电压接在了输入端，再将一个示波器连在了输出端，接通的一刹那，示波器上出现了频率为1.2兆赫、振幅为0.2伏的震荡波形。现代电子工业的第一个用单一材料制成的集成电路诞生了，如图1.6所示。该电路在锗晶片上实现，共有12个器件。基尔比的电路和后来在硅晶片上实现的集成电路相比，样子非常难看，但是，它们工作得非常好，这表明，将各种电子器件集成在一个晶片上是可行的。基尔比因为这个发明获得了2000年的诺贝尔物理学奖。

图1.6　基尔比发明的第一块集成电路

基尔比发明的微型芯片影响深远，没有这项发明，很多现代电子产品就不会存在。可以说，芯片成就了现代计算机产业，使得占地足有一间厂房那么大的计算机摇身一变成为今天我们所见的一系列主机、个人电脑和掌上电脑。

集成电路的发展

基尔比发明集成电路以后，这项技术并没有很快地发展起来，这除了技术本身需要一个成熟期外，主要是由于当时很多人对集成电路的前途不乐观。有人认为集成电路中的元件都不是最佳的，这是因为它们都是在同一块硅材料上、用同一种工艺流程制作的；集成电路中晶体管的寄生效应比分立元件要大；硅电阻的稳定性和制作精度不如镍铬电阻好；PN结电容以及SiO_2介质电容不及涤纶薄膜介质电容好；等等。也有人认为既然集成电路成品率是各元件成品率的乘积，则大规模集成电路的成品率将得不到保障，以至于认为生产大规模集成电路是不可能实现的。还有人认为集成电路的设计费用很高，且一旦发生差错就很难更改，如果逐一把当时已有的电路制成集成电路将是很大一笔花销，也不一定能实现。

上述问题在集成电路中是客观存在的，但集成电路的显著优点是能够利用当时已逐渐成熟的微电子技术，将当时的大型电子系统转入小型化，同时降低功耗、提高性能，并将电子系统的制作转入大批量、流水线式的制造方式，从而降低成本、提高成品率。

由于数字电路具有电路形式简单、性能可规格化、用途广泛等特点，集成电路首先在数字逻辑电路中发展起来。1961年，RTL（resistop-transistor logic，电阻–晶体管逻辑）系列的数字集成电路问世，1962年相继研制出了DTL、TTL、ECL等各种逻辑形式的电路和MOS集成电路❶，这使集成电路得到飞速发展，成本不断下降。

1968年试制出的MOS存储器和1971年试制成功的微处理器（Intel 4004）标志着信息技术已进入大规模集成电路时代；1978年制作出的64Kb DRAM，使单一芯片上集成的晶体管数量超过了10万个，标志着超大规模集成电路时代的开启；1985年研制成功包含225万晶体管的1Mb DRAM，因此进入单片集成百万晶体管的时代。

什么是CMOS技术？

在1963年一篇作者为仙童（Fairchild）研发实验室萨支唐（C.T.Sah）和弗兰克·万拉斯（Frank Wanlass）的论文中显示,当以互补性对称电路配置连接P型和N型MOS晶体管而形成逻辑电路时，这个电路的功耗几乎为零。弗兰克·万拉斯将这一发明申请了专利，这就是后来的CMOS（complementary MOS，互补MOS）电路。

进入21世纪以后，以CMOS工艺为主流的微电子技术进入了纳米时代，45nm CMOS电路已经大规模投产。利用此项技术，可制作GMb的DRAM和

---

❶ MOS集成电路：指基于MOS（metal-oxide-semiconductor，金属-氧化物-半导体）结构器件制造的集成电路。

GHz的微处理器（1G=10^9），在单片上集成的晶体管数量达到10^{10} ~ 10^{12}量级，10nm以下的MOS器件在实验室中已制备成功。

1.2.2 "摩尔定律"时代

由于CMOS集成电路具有功耗低、可靠性好、集成密度高、可适应较宽范围的环境温度和电源电压的变化、可按等比例缩小等一系列优点，CMOS集成电路在产生不久就成为集成电路产业的主流技术。目前，CMOS工艺的市场占有率超过99%，其芯片集成度和性能一直遵循摩尔定律发展着。在半导体制造中，全球芯片制造三巨头（英特尔、三星和台积电）都于2019年宣布了3nm研发和量产计划。

什么是"摩尔定律"？

1965年，Intel公司的创始人之一戈登·摩尔对集成电路的发展趋势做出预测，他认为单片集成电路上能够集成的晶体管数量，将每隔18 ~ 24个月翻倍，同时电路性能也得到翻倍提升。此后50多年时间里，这一预言成为集成电路行业一直遵循的发展规律。

不过，现在集成电路的特征尺寸❶已经很接近物理极限，学者们正在研究让摩尔定律延续下去的办法。

什么是EDA技术？

随着集成电路规模的不断扩大，现在的芯片设计已经达到千万门级的集成度，再凭手工完成几乎是不可能的。而

---

❶ 特征尺寸：在CMOS工艺中，通常用特征尺寸来表征器件尺度，并通过缩小特征尺寸来提高芯片性能、增加集成度及降低成本。

EDA（electronic design automation，电子设计自动化）技术就是专门为芯片设计工程师提供集成电路设计、仿真和验证的计算机软件环境。

进入21世纪后，EDA技术有了新的特点：在仿真验证和设计两个层面支持HDL（hardware description language，硬件描述语言）的EDA软件工具功能更加强大，这使得硬件设计可以像软件开发一样使用高级程序语言来完成，进而出现了系统级的HDL，使得Top-Down设计方法得到更充分的利用；与此同时，更大规模的PLD（programmable logic device，可编程逻辑器件）不断推出，在实验室里就可生产超大规模的系统芯片，使硬件设计趋于更加高效和简单。

半导体集成电路行业对EDA技术的挑战在于EDA技术的进步总是落后于半导体生产工艺的进步，这就制约了集成电路设计工程师的设计生产率，否则他们将能设计出更先进的集成电路。

器件尺寸与电路规模

根据摩尔定律，MOS集成电路的特征尺寸将按每1.5～2年折半的速度发展。而自CMOS集成电路问世以来，以硅CMOS技术为基础的集成电路一直遵循摩尔定律向前发展。目前器件的特征尺寸已经从1971年的10μm缩减到10nm以下；同时，先进集成电路容纳的晶体管数量已经超过10亿个。

1.2.3　SoC设计方法

SoC（system on chip，片上系统或系统芯片）是集成电路制造和设计技术飞速发展的重要成果。SoC与集成电路的关系类似于过去集成电路与分立元器件的关系，对信息技术的推动作用不亚于自20世纪50年代末快速发展起来的IC技术。

SoC由于其功能丰富、应用范围广，很难给出统一定义。一般说来，它是指一个产品，一个有专用目标的集成电路，这个集成电路会集成一部电脑或其他电子系统的大部分甚至全部功能组件。

SoC的重要性

SoC意味着在单个芯片上就能完成一个电子系统的功能。通过SoC技术，系统工程师能够把原来需要一块或几块电路板才能实现的功能用单一芯片来取代，不但实现了电子系统的微型化，还能提高系统性能。相比于一个多芯片的架构，实现相同功能的一个SoC会有较低的功耗，以及更小的芯片占用面积。

如果说IC相当于楼房对平房的集成，SoC则可以看作是城镇对楼房的集成，宾馆、饭店、商场、超市、医院、学校、汽车站和大量的住宅集中在一起，构成了一个小镇的功能，满足人们吃住行的基本需求。

SoC广泛应用于元宇宙场景下的移动计算（如智能手机和平板电脑）和边缘计算领域，而在嵌入式系统（如Wi-Fi路由器）和物联网中也有广泛应用。

SoC设计思想

SoC设计始于20世纪90年代中期，随着半导体工艺技术和集成电路设计技术的发展，IC设计者能够将愈来愈复杂的电路集成到一个芯片上。现在使用SoC技术设计应用系统时，除了那些无法集成的外部电路或机械部分，其他所有的系统功能都能够集成在一起。

SoC与IC的设计思想是不同的，它与集成电路的关系类似于过去集成电路与分立元器件的关系。在集成电路设计的基础上，SoC设计的关键技术主要包括IP核可复用技术、软硬件协同设计技术等。

SoC组件的设计经常使用高级程序设计语言，如C++，MATLAB或

SystemC，然后用高级综合❶工具转换到RTL设计（设计的中间层次），产生HDL结果。一旦完成SoC的架构定义，任何新的硬件组件都可以通过"胶连逻辑"与原有结构相连，从而产生一个完整的SoC设计。而IC的设计是与此不同的，IC设计通常使用硬件描述语言作为输入，通过逻辑综合产生硬件电路。

此外，仿真与验证是SoC设计流程中最复杂、最耗时的环节，约占整个芯片开发周期的60%～80%，采用先进的设计与仿真验证方法成为SoC设计成功的关键。

SoC还必须优化功耗、芯片占用面积、通信和模块化单元之间的位置定位（例如对处理器访问存储模块的影响）等。这与多芯片模块的架构设计不同，因为用户不会对后者的使用面积、功耗或性能进行同等的要求。

SoC的应用举例

SoC应用通常在一个单一的衬底或芯片上，包含CPU、存储器、片上I/O系统、二级存储器，可能还有射频modem和GPU。从构件的电路类型上，一个SoC可能包含数字模块，还可能包含模拟、混合信号，及经常含有的射频信号处理模块。

蓝牙（Bluetooth）❷芯片是一类典型的SoC芯片，整个系统包括微处理器、各类模拟和数字接口电路、各类存储器、数字基带处理器、音频和多种外设接口。

图1.7是一个单芯片蓝牙SoC的例子，该芯片以嵌入式处理器为核心，辅以数字基带处理器和射频模块，把所有蓝牙功能都集成在一个芯片中，与传统电子技术❸相比，不仅极大缩小了系统占用空间，还提高了系统的性能。

---

❶ 高级综合：HLS，high-level synthesis，指一种设计算法。
❷ 蓝牙：是一种无线数据和语音通信的全球标准，用于低成本、短距离的无线接入。
❸ 传统电子技术：指用一块或多块电路板及板上元件的互联来实现电子系统的方法。

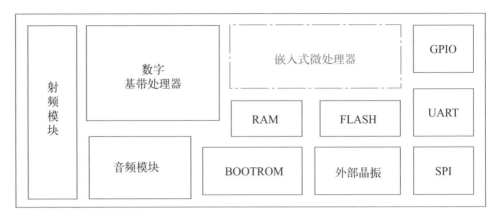

射频模块	数字 基带处理器	嵌入式微处理器	GPIO
	RAM	FLASH	UART
音频模块	BOOTROM	外部晶振	SPI

图1.7　蓝牙SoC系统框图

1.2.4　GPU的重要影响

GPU（graphics processing unit，图形处理器）是另一类对信息技术发展产生重要影响的集成电路。GPU的概念是NVIDIA（英伟达）公司在1999年8月发表NVIDIA GeForce 256绘图处理芯片时首先提出的。在此之前，电脑中处理影像输出的显示芯片，通常很少被视为一个独立的运算单元。

图形处理器使显卡减少对中央处理器（CPU）的依赖，并分担部分原本由中央处理器所担当的工作，尤其是在进行3D绘图运算时，功效更加明显。

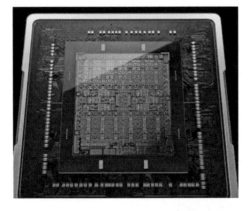

图1.8　NVIDIA第4代GeForce图形处理器
新品（用于笔记本电脑）

GPU不同于传统的CPU，传统的CPU如Intel i5或i7处理器，其内核数量较少，专为通用计算而设计。相反，GPU是一种特殊类型的处理器，具有数百或数千个内核，经过优化，可并行运行大量计算。GPU虽然在游戏中以3D渲染而闻名，但它们对运行分析、深度学习和机器学习算法同样有用。

如图1.8所示是NVIDIA用于笔

记本电脑的第4代Tensor核心的GeForce图形处理器芯片，用于为高性能游戏和直播服务。

小结

集成电路已经深入到我们日常生活的方方面面，小到家用电器的控制逻辑，大到航天器的控制系统。在人类创建元宇宙的当下，电路芯片更是在可穿戴设备、网络硬件、计算设备中大显身手，是未来元宇宙的信息基础。

1.3 互联网的发展

互联网（internet），又称国际网络，指的是网络与网络之间所串连成的覆盖全球的庞大网络。这些网络基于一组通用的协议，相互连接形成逻辑上单一、巨大的国际网络。

通常internet泛指互联网，而Internet则特指因特网。一般来说，即使仅有两台机器，不论用何种技术使其彼此通信，也叫互联网。而因特网是互联网的一种，特指由成千上万台设备组成的规则严密的全球性互联网。

"万维网"（world wide web）也是人们经常遇见的一个词，从定义的内涵来讲，万维网包含在因特网里面，而因特网又包含在互联网内。因特网是基于TCP/IP协议实现的，TCP/IP协议由很多协议组成，不同类型的协议又被放在不同的层。其中，位于应用层的协议包括FTP（file transfer protocol，文件传输协议）、HTTP（hyper text transfer protocol，超文本传输协议）、SMTP（simple mail transfer protocol，简单邮件传输协议）等。只要应用层使用的是HTTP协议，因特网就称为万维网。

因特网的起源

因特网始于1969年的美国，首先用于军事连接，后来把美国西南部的加利福尼亚大学洛杉矶分校、斯坦福大学研究学院、加利福尼亚大学圣塔芭芭拉分校和犹他州大学的四台主要的计算机连接起来。另一个推动 Internet 发展的广域网是 NSF（national science foundation，美国国家科学基金会）网，NSF 网也采用 TCP/IP 协议，它最初是由美国国家科学基金会资助建设的，目的是连接全美的5个超级计算机中心，供100多所美国大学共享它们的资源。

为未来做好准备

NSF 网最初是为科研服务的，其主要目的是为用户共享大型主机的计算资源服务。随着接入主机数量的增加，越来越多的人把互联网作为通信和交流的工具。一些公司还陆续在互联网上开展了商业活动。随着互联网的商业化，其在通信、信息检索、网络服务等方面的巨大潜力被挖掘出来，有了质的飞跃，并为移动互联网、物联网的发展积累了网络层的关键技术。

1.3.1 TCP/IP协议

计算机网络是由许多计算机组成的，要在网络上的计算机之间传输数据，必须获得数据传输的目标地址和建立数据迅速可靠传输的统一标准。因特网使用一种专门的网络协议，以保证数据安全、可靠地到达指定的目的地，这个协议包括两部分，即 TCP（transmission control protocol，传输控制协议）和 IP（internet protocol，网间协议）。

TCP/IP协议的数据传输过程

TCP/IP 协议所采用的通信方式是分组交换方式。所谓

分组交换，简单说就是数据在传输时分成若干段，每个数据段称为一个数据包，TCP/IP协议的基本传输单位是数据包。TCP/IP的两个协议可以联合使用，也可以与其他协议联合使用，它们在数据传输过程中主要完成以下功能：

① 首先由TCP协议把数据分成若干数据包，给每个数据包写上序号等标识性信息，以便接收端把数据还原成原来的格式；

② IP协议给每个数据包写上发送主机和接收主机的地址，通过写上源地址和目的地址，数据包就可以在物理网上进行传输了。IP协议还具有利用路由算法进行路由选择的功能；

③ 这些数据包可以通过不同的传输途径（信道）和传输方式（如同步或异步）进行传输。

由于传输途径不同，加上传输类别的差异，可能出现顺序紊乱、数据丢失、数据失真甚至重复传送等现象。这些问题都由TCP协议来处理，它具有检查和处理错误的功能，必要时还可以请求发送端重发。

简言之，IP协议负责数据的传输，而TCP协议负责为数据的可靠传输提供保障措施。

TCP/IP协议的重要性是什么？

TCP/IP协议是高度可扩展的网络应用模型，作为一个具有路由功能的协议，能够在网络中找到最有效的数据传输路径，已经被广泛地应用于今天的互联网架构中。

1.3.2　Web 2.0

在Web 1.0时代，人们只能被动地浏览内容。Web 2.0网站允许用户作为虚拟社区中内容的创建者，并通过社交媒体进行交互和协作，满足了人们社交和创作的愿望。Web 2.0的缺点是尚不能很好满足用户价值实现的需求，以及不能以自然的方式（如语言、身体姿态等人类交流的方式）与用户交流。

典型的Web 2.0网站有：网络社区、网络应用程序、社交网站、博客、微博、短视频应用等。

Web 2.0的特点是什么？

从技术层面来看，Web 2.0的主要特点如下：

✧ 由于网络技术的发展，例如Java、HTML、CSS等，它们让Web 2.0成为具有更多交互性的互联网；

✧ 由于数据能够被分发和共享，Web 2.0中的社交网络和用户生成内容已经繁荣起来了；

✧ 许多网络技术的发明人，包括杰弗里·泽尔德曼（Jeffrey Zeldman），都是Web 2.0技术的第一批设计者。

很多人看好Web 2.0，认为Web 2.0呈现出了交互性和社会性网络，但Web 2.0更多表现为用户生成内容的门户网站，在更多信息化需求的驱动下，Web 3.0呼之欲出。

什么是Web 3.0？

Web 3.0被认为是具有颠覆意义的可能引发互联网变革的潜在网络模式。Web 3.0的基础是去中心化、开放和增加用户价值。

虽然Web 3.0还没形成一个正式的定义，但已有几个突出特征，包括：

✧ Web 3.0是互联网的下一次突破，它将允许网络以人类的方式理解数据，蒂姆·伯纳斯·李（Tim Berners-Lee）是万维网（WWW）的创始人，他对Web 3.0的定义是一个语义网，并把它看作一个智能、自足和开放的互联网，能够运用AI和机器学习来实现"全局大脑"的功能，并能对内容在上下文中进行概念化的解释；

✧ 它将使用AI技术、机器学习，还有区块链来为用户提供智能应用；

◇ 它将允许智能创造和把高度定制的内容分配给每一个互联网用户。

虽然目前的Web3.0距离走进用户的生活还有一段距离，但Web3.0所能带给用户的安全与便捷，确实是值得憧憬的。

1.3.3 高速发展的互联网

全球互联网自20世纪90年代进入商用以来迅速发展，已经成为当今世界推动经济发展和社会进步的重要信息基础设施。

全球的发展

经过短短十几年的发展，截至2007年，全球互联网已经覆盖五大洲的233个国家和地区，宽带接入已成为主要的上网方式。同时，互联网迅速渗透到经济与社会生活的各个方面，推动了全球信息化进程。全球互联网内容和服务市场发展活跃，众多的ISP（internet service provider，互联网服务提供商）参与到国际互联网服务的产业链中，在此过程中，如Google、Yahoo、eBAY等，成为具有全球影响力的互联网企业。据2021年9月调研机构Data Reportal发布的数字报告显示，全球互联网"住民"已达48亿，谷歌成为最大流量网站。

中国的发展

中国的互联网发展虽然起步比国际互联网发展晚，但是进入新世纪以来，同样发展迅速。据CNNIC❶公布的最新互联网发展调查报告显示，截至2006年12月，中国互联网网民数达到1.37亿，同1997年10月第一次调查的62万网民人数相比，网民人

---

❶ CNNIC：China Internet Network Information Center，即中国互联网络信息中心，是我国域名注册管理机构。

数已是当初的221倍。中国互联网持续高速发展，据第48次《中国互联网络发展状况统计报告》显示，截至2021年6月，我国网民规模已达10.11亿。

互联网的发展不仅为人类社会提供了全新的生产、生活模式，也改变了人们的思维方式，赋予了人们更多平等和开放的权利，使人类迈入了信息社会的新纪元。

小结

互联网的最大成功不在于技术层面，而在于对人的影响。电子邮件对于信息科学来说只是初期的一个小小的进步，但对于人们的交流来说却是一种全新的方法。

假如说Web1.0的本质是联结，那么Web 2.0的本质就是互动，它让网民更多地参与信息产品的创造、传播和分享，而Web 3.0可能支持自然交流、提供智能服务，并能体现用户创造价值、允许价值交换和价值消费。

1.4 本章小结

本章介绍了电子计算机、集成电路芯片和互联网的诞生和发展壮大。这些信息技术的出现和创新积累为元宇宙所要求的数字基础设施的打造夯实了基础。但仅有这些还不够，因为人们从这里还看不到元宇宙的雏形。直到沉浸式的

VR/AR显示设备走向商用、移动互联网开始提供随时随地的多终端接入、区块链技术诞生并落地应用，以及其他技术基础的发生、发展到一个临界点的时候，才会出现"元宇宙"的概念。

现在看来，这个临界点出现在2021年，那是很多人都知道的元宇宙"元年"。

参考文献

[1] Computer History Museum [DB/OL]. [2022-06-25]. https://www.computerhistory.org/revolution/.

[2] 百度百科. ENIAC [DB/OL]. [2022-06-25]. https://baike.baidu.com/item/ENIAC?fromModule= lemma_search-box.

[3] 维基百科. TRADIC(电脑)[DB/OL]. [2022-12-05]. https://zh.wikipedia.org/wiki/TRADIC.

[4] Wikipedia. PDP-11[DB/OL]. [2022-12-05]. https://en.wikipedia.org/wiki/PDP-11.

[5] IEEE Computer Society. What is the future of Tech: 23 Technologies by 2022 [EB/OL]. [2022-12-05]. https://www.computer.org/publications/tech-news/trends/2022-report.

[6] 百度百科. 量子计算机[DB/OL]. [2022-12-05]. https://baike.baidu.com/item/量子计算机/363335.

[7] 张兴, 黄如, 刘俊彦. 微电子学概论(第三版)[M]. 北京: 北京大学出版社, 2010.

[8] 百度百科. SOC [DB/OL]. [2022-06-25]. https://baike.baidu.com/item/soc/1053305.

[9] 维基百科. 图形处理器 [DB/OL]. [2022-12-05]. https://zh.wikipedia.org/zh-cn/图形处理器.

[10] NVIDIA Ada Lovelace 架构[EB/OL]. [2022-12-05]. https://www.nvidia.cn/geforce/laptops.

[11] 百度百科. 互联网 [DB/OL]. [2022-06-25]. https://baike.baidu.com/item/互联网/199186.

[12] 维基百科. Web 2.0 [DB/OL]. [2022-12-05]. https://zh.wikipedia.org/wiki/Web_2.0.

[13] Shyamli Jha. What Is Web 3.0? Everything You Need to Know About Web 3.0[EB/OL]. [2022-12-05]. https://www.simplilearn.com/tutorials/blockchain-tutorial/what-is-web-3-0.

2

你身边的元宇宙

2021年被称为元宇宙的元年，那么这之前，是否就没有元宇宙了呢？不是这样的，元宇宙是一个逐步发展、完善的事物。如果认为虚拟世界是从电子计算机开始的，那么从ABC计算机落地，人类就开始了探索虚拟世界的未知之旅。随着时间的推移，你身边跟元宇宙有关的事情越来越多，它们都是什么呢？下面就让我们一起来回顾一下。

2.1 你所看到的元宇宙

2.1.1 虚拟主持人

从自然人到虚拟人，虚拟主持人已经成为人们接触元宇宙最直接的媒介。那么什么是虚拟主持人呢？虚拟主持人是经过数字技术处理的，在电视、网络等通信传媒中与大家形成交互的仿真人形象。他或她虽然具有主持人的功能和作用，有的甚至有现实中主持人的外形特征，但是却没有真实主持人的实际生活体验，因此被人们称之为虚拟主持人。

世界上第一个虚拟主持人

2001年英国，世界上诞生了第一个虚拟主持人——阿娜诺娃（Ananova），如图2.1所示。CNN将其描述为"一个可播报新闻、体育、天气等信息的虚拟播音员，堪比一个真实的有血有肉的主播"。

图2.1　世界上第一个虚拟主持人：阿娜诺娃

国内的虚拟主持人

2004年，央视CCTV-6频道推出了国内首位虚拟电视节目主持人"小龙"。它采用三维形象技术，拥有高挑的身材，集合了多位明星的面部特征。这位虚拟电视节目主持人曾单独主持《光影周刊》栏目，看过的朋友应该有印象。与此类似，图2.2所示是一个虚拟生活节目主持人形象。

图2.2　虚拟生活节目主持人

下面是你从不同渠道可能见过的虚拟主持人形象：

➢ 央视新闻的数字手语主持人

2022年2月4日，中央广播电视总台央视新闻AI手语主播正式上岗，她在央视新闻冬奥直播特别节目《冬奥来了》中首次担任主持人，并参与北京冬奥会总台新闻播报、赛事直播和现场采访。

依靠人工智能的加持，虚拟主持人可以进行准确、及时的手语播报，为听力障碍群体做好报道，如图2.3所示。

图2.3 央视数字手语主持人

➤ 腾讯视频推出脱口秀虚拟人"梅涩甜"

2021年5月30日，梅涩甜降生，其生日May 30th，谐音"梅涩甜"，因此得名。梅涩甜对身处的世界一无所知，通过学习，得知自己是虚拟人，生于元宇宙。

2021年9月，腾讯新闻推出了虚拟人脱口秀《梅得说》，其中的主持人兼脱口秀演员就是"梅涩甜"。节目中，梅涩甜以虚拟人的独特视角和奇妙脑洞来看世界、想问题，用单口喜剧的形式幽默解读人类社会，赢得了观众的喜爱。

➤ 东方卫视的二次元虚拟新闻主持人"申小雅"

上海广播电视台运用实时动作捕捉和AR跟踪两大技术，并通过5G加持，创造出了虚拟新闻主持人"申小雅"，并于2020年第三届中国国际进口博览会的直播报道中首次亮相。这也是国内首位在大型新闻直播节目中亮相的二次元"偶像"型虚拟主持人。

小结

虚拟主持人的出现，是对真实主持人的一种挑战和竞争，但虚拟主持人作为新技术，其应用范围的扩展、使用频率的提高是一个必然的趋势。表面上看，虚拟主持人与传统的动漫或动画影视人物形象没有什么区别，但其背后的真正支撑是计算机网络、算力和人工智能等元宇宙技术，而主持人的卡通形象设计不过是整个过程的一个开端，相当于完成一个外包装的步骤。

2.1.2 科幻电影

在互联网上搜索跟元宇宙有关的电影看上几部，就可能对"元宇宙"有一个自己的看法。

实际上，这些元宇宙电影跟实现元宇宙的底层技术没有多大关系，但你能从电影中看到未来元宇宙的样貌，至少是我们目前能够想象得到的样子。

现代电影技术对虚拟现实的沉浸感、Avatar的以假乱真、游戏世界的光怪陆离等的刻画，使观众在获得视觉震撼的同时，产生对元宇宙世界的想象；同时，通过对科幻剧情的铺陈、发展和结尾叙事，使观众在结束观看后通常会对电影中所反映的人机关系、技术伦理等深层次内容进行思考。

下面是一些被认为最能反映元宇宙概念的电影，你看过几部？

➤《头号玩家》（2018年）

2045年，处于混乱和崩溃边缘的现实世界令人失望，人们将逃脱的希望寄托于"绿洲"——一个虚拟游戏宇宙。只要戴上VR设备，人类就可以进入这个与现实形成强烈反差的虚拟世界。"绿洲"的创造者在弥留之际，宣布将巨额财产和"绿洲"的所有权留给第一个闯过三道关卡、找出他在游戏中藏匿彩蛋的人，自此引发了一场全世界范围内的竞争。

发现元宇宙

头号玩家是目前被认为最接近元宇宙概念的电影之一，通过VR沉浸式装备，玩家能够感受"绿洲"这一虚拟空间的无限繁华与光怪陆离，这激发了大众对于元宇宙入口和样貌的期待。虚拟生活吞并现实生活、巨头掌控虚拟世界等元宇宙引发的担忧也在片中呈现出来。

➤《黑客帝国》（1999年）

影片讲述了一名年轻的网络黑客尼奥，发现看似正常的现实世界实际上是由一个名为"矩阵"的计算机人工智能系统控制的。尼奥在一名神秘女郎崔妮蒂的引导下见到了黑客组织的首领墨菲斯，三人走上了抗争矩阵的征途。

发现元宇宙

自1999年上映以来，该系列至今还是人们津津乐道的经典科幻片。该片充满了大量的宏大隐喻，建造了一个杂糅着神话、哲学、机器人、禅宗的科幻帝国。片中描绘的元宇宙是极端的，但无论是片中的VR技术、虚拟空间等科技视觉，还是人机关系、进化体系等哲学，都能深刻地颠覆观众对虚拟世界的认知。

➤《失控玩家》（2021年）

影片讲述了一个名为《自由城》的游戏世界，一个身份为银行柜员的NPC❶在见到玩家角色米莉的那一刻起，开始脱离代码设置，自我进化，并在每次重新设置后都保留自己的记忆、情感和思想，并帮助米莉最终保护虚拟世界的故事。

发现元宇宙

影片作为一部科幻喜剧片，从沉浸式游戏的视角展现了元宇宙该有的雏形

---

❶ NPC：non-player character，非玩家角色，指的是游戏中不受真人玩家操纵的游戏角色。

和元素。NPC作为虚拟世界中不可缺少的一环，能否在元宇宙中实现突破，甚至在功能或情感上自我进化呢？此外，片中发行公司控制甚至删除游戏的剧情也反映了中心化组织对中心的依赖问题。

➤《阿凡达》（2009年）

该片主要讲述人类换上阿凡达的躯壳，飞到遥远的星球潘多拉开采资源。受伤后以轮椅代步的前海军陆战队员杰克，自愿接受实验并以他的阿凡达来到潘多拉。在结识了当地纳美族人公主涅提妮之后，杰克在一场人类与潘多拉居民的战争中陷入两难。

发现元宇宙

片中Avatar（阿凡达）也是化身的意思。这种保留自身意识、以技术手段将人类置于类似现实的虚拟环境，是极具想象力的故事情节。纳美族人与所骑的飞行兽之间独特的信息交流方式，是以一种具象的方式反映人机交流的概念。此外，片中还包括了科技突破时空限制的遐想、人类如何面对科技与道德的两难处境等思考。

小结

其他影响较大的元宇宙电影还有：2009年的《夏日大作战》、2010年的《创：战纪》、1999年的《异次元骇客》、2014年的《超体》和根据国产科幻小说改编的《元宇宙2086》等。看过的读者可从中发现自己理解的元宇宙元素。

2.1.3　各种机器人

什么是机器人？

有关机器人（robot）比较好的定义：一种能够半自主或全自主工作的智能机器。这类机器具有感知、决策、

执行等基本特征，可以辅助或替代人类完成繁重、复杂甚至危险的工作，提高工作效率与质量，服务人类生活，扩大或延伸人的活动及能力范围，如图2.4所示。

图2.4 机器人

目前，国际上的机器人学者，从应用环境出发将机器人分为两类：制造环境下的工业机器人和非制造环境下的服务与仿人型机器人。其中，工业机器人主要应用于制造环境，例如焊接机器人、装配机器人等，而服务与仿人型机器人已经来到我们的生活中。

生活中的机器人

✧ 扫地机器人

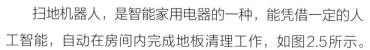

扫地机器人，是智能家用电器的一种，能凭借一定的人工智能，自动在房间内完成地板清理工作，如图2.5所示。在它简单的外观设计下面是多种高新技术模块。它的控制系统集成了传感、智能控制、路径规划等功能，可以进行障碍物判断、避障策略选择，在遇到台阶时还有防跌落功能。路径规划模块可以根据机器人所感知到的工作环境信息，按照预先设定的优化指标，在起点和终点之间，实现所需清扫区域的合理、完全路径覆盖。

图2.5　扫地机器人在家工作

◇ 迎宾机器人

迎宾机器人通常有语音播放功能。将机器人放置会场、宾馆、会展等场所，当宾客经过时，机器人会主动打招呼："您好！欢迎光临！"宾客离开时，机器人会说："您好，欢迎下次光临。"对有多媒体屏幕的机器人，宾客可以通过屏幕实现与机器人的更多交流；而对有语音识别功能的机器人，现场宾客可使用麦克风向机器人提出相关问题，对话内容可以根据业务需要制定，机器人则用合成语音回答宾客的提问。如图2.6（a）是一款迎宾机器人。

◇ 送货机器人

送货机器人是智慧物流行业的主要应用之一，服务于电商物流、超市送货、餐饮快递等场景，能够满足较短距离的配送需求。如图2.6（b）是一款送货机器人。

送货机器人的核心技术包括环境感知技术、路径规划算法、自主避障方法等，与扫地机器人类似，但承担完全不同的工作任务。

（a）迎宾机器人　　　　（b）送货机器人

图2.6　迎宾、送货（文件传递）机器人示意图

　　已经有不少知名的送货机器人，例如：亚马逊送货机器人（amazon scout）是亚马逊电商公司所研发的一款机器人，使用自动递送设备将商品包裹安全地运送给客户，用户可以通过智能手机应用跟踪定位货物信息；京东配送机器人是由京东自主研发，专注于提供快递包裹配送服务的人工智能机器人，具备智能化服务和自主学习的能力。客户可以通过京东App、手机短信等方式接收货物送达的消息。据悉，机器人高1.6米，"车厢"内装有30个独立格口，最高可载重200公斤的货物，最高速度达到18千米每小时，能够自主停靠配送点，实现自动规避道路障碍。

小结

　　虽然我们在生活中见到的机器人的智能仍有限，但在不久的将来，随着科技的不断发展和进步，AI赋能的机器人必将更好地服务人们的生活。

除了视觉感知，你还可以通过下述方式准参与到元宇宙当中。之所以用了一个"准"字，是因为目前的元宇宙还未达到我们预期的样子。

2.2.1 在线会议

随着社会的发展，视频会议的应用越来越广泛，硬件视频会议系统虽然有音视频效果好、安全性和稳定性高等特点，但其硬件及专网的高额成本制约了这种会议系统的使用范围，一般只能用于政府、部队、大型企事业单位，很难向中小企业、日常化应用普及。

网络视频会议

网络视频会议是软件视频会议的最新发展，它完全基于互联网，支持面向全球的协同工作；同时可以互联网时代最常用的浏览器模式使用，极大地扩展了应用场景和使用范围，如图2.7所示。

图2.7 网络视频会议场景

以国内Tencent（腾讯）和国际上Zoom为代表的视频会议软件是目前我们召集日常视频会议的主要工具，你用到过吗？

腾讯会议

腾讯会议是腾讯云旗下的一款音视频会议软件，于2019年12月底上线。会议室的标准容量是300人，具有跨平台一键接入、音视频智能降噪、美颜、背景虚化、锁定会议、屏幕水印等功能。

Zoom视频会议

Zoom视频会议是一款多人手机云视频会议软件，为用户提供兼备高清视频会议与移动网络会议功能的免费云视频通话服务。用户可通过手机、平板电脑、PC与工作伙伴进行多人视频及语音通话、屏幕分享、会议预约管理等商务活动。

如图2.8所示是手机云视频会议的一个概述图。

图2.8　手机云视频会议概述图

元宇宙简史

虚拟办公

从真人影像到虚拟办公是迈向元宇宙的进一步体验。在腾讯会议和Zoom这样的线上会议应用中，参会者需要以真实形象面对摄像头，因为有一定的压迫感，很多人不愿意打开视频；另外，由于参会环境中的不可控因素，还会产生意想不到的隐私暴露问题，对参会者造成不必要的负面影响。

相比于Zoom和Tencent的真人视频，Meta（原名Facebook）开发的Horizon Workrooms应用，正准备将VR眼镜与流行的视频会议平台Zoom整合在一起。Meta CEO扎克伯格与Quest产品（指Oculus VR眼镜）团队负责人Angela Cheng在2022年10月共同宣布了一些Horizon改进和合作伙伴关系的进展。在此次活动中，Meta宣布将与Zoom合作共同测试它的avatar虚拟人在工作场景中的应用模式。Angela Cheng认为，Horizon Workrooms通过与VR和VC（指Zoom虚拟会议软件）的合作将能提供更好的办公空间，即允许在任何地方创建个人的虚拟办公场所，而这个场所可以替代原有的实体办公室和自己的个人工作空间。

如图2.9所示是一个Horizon Workrooms展示的虚拟办公场景。

图2.9 虚拟办公场景

2.2.2　社交媒体

社交媒体（Social Media）是人们彼此之间用来分享意见、见解、经验和观点的工具和平台，严格说指互联网上基于用户关系的内容生产（CG，content generation）与交换平台，现阶段主要包括社交网站、微博、微信、博客、论坛、播客等。

微信

微信在中国拥有超过10亿活跃用户，也是中国最常用的移动社交媒体平台。

一方面，微信用户产生和传输巨大的数据量。另一方面，它和元宇宙概念有相似的地方，即它不仅整合了广泛的个人体验，还结合了付费功能，例如微信红包、零钱转账、二维码收款等，因此具备了虚实融合的特征。

可以说，通过微信，你接触到了元宇宙的雏形。实际上，腾讯和微信还缺少人工智能的驱动服务，以及与之相关的沉浸式接入设备和5G应用。

Meta（曾用名：Facebook）

Meta公司，原名Facebook，创立于2004年2月4日，总部位于美国加利福尼亚州。

2021年10月28日，Facebook首席执行官马克·扎克伯格在Facebook Connect大会上宣布，Facebook将更名为"Meta"，来源于"元宇宙"（Metaverse）。

最新的统计数据表明，截至2022年7月，全球Facebook用户（月活用户）数超过29亿，相当于全球人口的36.8%。现在，它已成为世界上最重要的社交网站之一，就连美国前总统奥巴马、英国前女王伊丽莎白二世等政界要人都成了Facebook的用户。

与微信类似，Meta已获准在美国提供某种形式的转账服务，可以为那些向购买应用的用户收取费用的开发者提供服务，因此也具有了虚实融合的特征。Facebook已于2014年7月宣布以20亿美元的价格收购Oculus（一家VR设备制造商），为向元宇宙转换做准备。

微博

微博，是基于用户关系的社交媒体平台，用户可以通过PC、手机等多种移动终端接入，以文字、图片、视频等多媒体形式，实现信息的即时分享、传播互动。

作为继门户、搜索之后的互联网新入口，微博改变了信息传播的方式，使用户能够公开实时发表内容，实现了信息的即时分享。为了实现元宇宙的社交要素，微博走出了重要的一步。

微博自2009年上线后，一直被当成中国版的推特（Twitter）。目前，无论是从营收，还是从用户增长速度来讲，微博已经超过了推特。其成功的秘诀在于最基本的线上线下融合销售模式和UGC（用户产生内容）模式的发展，两者都与元宇宙的虚实结合不谋而合。

微博的元宇宙经济

在广告方面，微博鼓励用户对产品进行网络营销；在应用增值方面，新浪微博平台鼓励用户参与游戏、团购、网络购物等多种活动，形式和付费方式类似于苹果的AppStore，根据开发者对产品的定位来定价。这一举措推动了UGC模式的发展，有利于平台网络生态的构建。

Twitter（现名X）

Twitter（推特）是一家美国社交网络及微博客服务的公司，致力于服务公众对话。这个服务是由杰克·多西（Jack Dorsey）在2006年3月与合伙人共同创办并在当年7月启动的。

Twitter是提供当下全球实时事件和热议话题讨论的平台。在这里，你可以加入开放的实时对话，或观看活动直播。通过Twitter的在线服务，你可以播报短消息给你的"followers"（粉丝），它也同样允许你指定那个你想"粉"的Twitter用户。

Twitter在全世界都非常流行，Twitter发布的财报显示，截至2021年第二季度，Twitter的可货币化日活跃用户达2.06亿。

社交媒体的影响力

社交媒体的影响力已经不只局限于普通民众，早在2021年，美国博雅公共关系公司就对全球153个国家进行过调查，发布的报告显示，全球77.7%的国家领导人都拥有社交媒体账号。其中，奥巴马是最具人气的领导人，而作为最贫穷国家之一的乌干达总理成为最尊重粉丝的领导，据说他回复了96%的社交媒体民众提问。

亲爱的读者朋友，您是否在有关媒体上看到想要关注的国家领导人的动态呢？

社交媒体永久地改变了人与人之间交流的方式，但是社交媒体已经无法满足人们不断增长的交往需求，因此必须另谋发展，它的下一站最有可能的就是元宇宙。

2.2.3 娱乐电竞

元宇宙的基本特征，在游戏世界中得到精彩的展现和诠释，但是还没有一款游戏能完全达到理想的元宇宙状态。从这点来讲，现在的游戏仍然是元宇宙的雏形。

Roblox（《罗布乐思》）

据报道，至2019年，已有超过500万的青少年开发者使用Roblox开发3D、VR等数字内容，吸引的月活跃玩家超1亿。

Roblox既提供游戏，又提供创作游戏的工具（创造者开发工具Roblox Studio），鼓励玩家积极主动进行数字内容创作。游戏中的大多数作品都是用户自行建立的。从FPS、RPG[1]到竞速、解谜，全由玩家操控这些圆柱和方块形状组成的小人们参与和完成。

用户可以在手机、台式机、游戏主机和VR头盔上运行Roblox，体现了它

---

[1] FPS：First Personal Shooting Game，第一人称射击游戏；RPG：Role-Playing Game，角色扮演游戏。

的多接入特性。它有很强的社交属性，玩家可以自行输出内容、实时参与，并且还有独立闭环的经济系统。

《罗布乐思》的经济系统

玩家通过注册创建一个免费的虚拟形象，然后就可以访问绝大多数的虚拟世界。用户可以通过游戏中的货币（Robux）来获取某一特定世界的最佳体验，或者买一些首饰和服装这类通用道具来凸显个性。

总之，Roblox游戏体现了元宇宙的诸多特性，例如数字创造、数字资产、数字交易、数字货币和数字消费。

《英雄联盟》

《英雄联盟》（League of Legends，简称LOL）是由美国拳头游戏（Riot Games）公司开发、在中国由腾讯游戏代理运营的英雄对战MOBA❶竞技网游。如图2.10所示是代表游戏的徽章。

图2.10　代表《英雄联盟》的游戏徽章

---

❶ MOBA：Multiplayer Online Battle Arena，多人在线战术竞技游戏。

《英雄联盟》有自己的成长系统和特色系统（例如好友系统、观战系统），同时衍生出游戏作品（例如《英雄联盟：魄罗快跑》《英雄联盟手游》等）和影视作品（例如《英雄联盟：双城之战》《乘风归》等），而其背景和角色设定、场景地图和游戏原声又为玩家提供了超强的融入感，使玩家在虚拟世界进行多人战术竞技。

《英雄联盟》的成就

2019年9月17日，拳头游戏在《英雄联盟》十周年之际发布了其全新的LOGO，并公布每一天全世界都有超过八百万玩家同时在线，率先在游戏领域打造出人类大规模虚拟化的场景。

《堡垒之夜》

《堡垒之夜》是Epic Games公司发行的一款第三人称射击游戏，已登陆Play Station 4、Xbox One、Nintendo Switch、PC、iOS、Android平台。

2020年，《堡垒之夜》与美国饶舌歌手Travis Scott展开跨界合作，在游戏中举办ASTRONOMICAL虚拟演唱会，场次横跨美国、欧洲、亚洲、大洋洲等服务器。根据Epic Games官方统计，目前已表演的场次吸引超过一千二百万名玩家同时在线参与，再次创下惊人的纪录。

游戏不仅吸引年轻一代

德勤是一家全球领先的专业服务机构，是世界四大会计师事务所之一。德勤的调查显示，在美国超过80%的男性和女性表示他们玩电子游戏，一半的智能手机用户表示他们每天都在玩智能手机。Z世代❶和千禧一代游戏玩家玩得最多，平均每周分别玩

---

❶ Z世代：是美国及欧洲的流行用语，意指在1995—2009年间出生的人，又称网络世代、互联网世代，统指受到互联网、即时通信、智能手机和平板电脑等科技产物影响很大的一代人。

11小时和13小时。X世代❶玩家紧随其后，每周玩大约10小时的游戏。

英国（75%）、德国（78%）、巴西（89%）和日本（63%）的大多数受访者也表示经常玩电子游戏。在这些国家，同样是年轻一代更有可能成为游戏玩家，Z世代和千禧一代游戏玩家平均每周花费11小时玩游戏。

读者朋友，你在游戏或社交媒体中发现过哪些元宇宙的元素？

2.3 本章小结

本章介绍了读者身边能体现元宇宙特征的重要元素和生活场景。它们的呈现或运行反映出元宇宙概念的不断完善和关键技术的阶段性发展特征。

参考文献

[1] 百度百科. 机器人 [DB/OL]. [2022-06-25]. https://baike.baidu.com/item/机器人/888.

[2] 百度百科. 京东配送机器人 [DB/OL]. [2022-06-25]. https://baike.baidu.com/item/京东配送机器人/20865800.

[3] 腾讯会议. 新闻中心 [EB/OL]. [2022-06-25]. https://meeting.tencent.com/news/.

[4] 百度百科. Zoom [DB/OL]. [2022-06-25]. https://baike.baidu.com/item/Zoom/12502762.

[5] Rory Greener. Meta Partners with Zoom for Horizon Metaverse Conferencing [EB/OL]. [2022-12-05]. https://www.xrtoday.com/uncategorized/meta-partners-with-zoom-for-horizon-metaverse-conferencing/.

[6] Meta Horizon Workrooms[EB/OL]. [2022-12-05]. https://www.meta.com.

---

❶ X世代：指在1965—1980年间出生的人。千禧一代是指在X世代和Z世代之间出生的孩子。

[7] 百度百科. Roblox [DB/OL]. [2022-12-05]. https://baike.baidu.com/item/Roblox/882009#7.

[8] 百度百科. 堡垒之夜[DB/OL]. [2022-06-25]. https://baike.baidu.com/item/堡垒之夜/3596734.

[9] Kevin Westcott, Jana Arbanas, Chris Arkenberg, et al. 2022 Digital media trends, 16th edition: Toward the metaverse. [EB/OL]. (2022-03-28)[2022-06-25]. https://www2.deloitte.com/us/en/insights/industry/technology/digital-media-trends-consumption-habits-survey/summary.html.

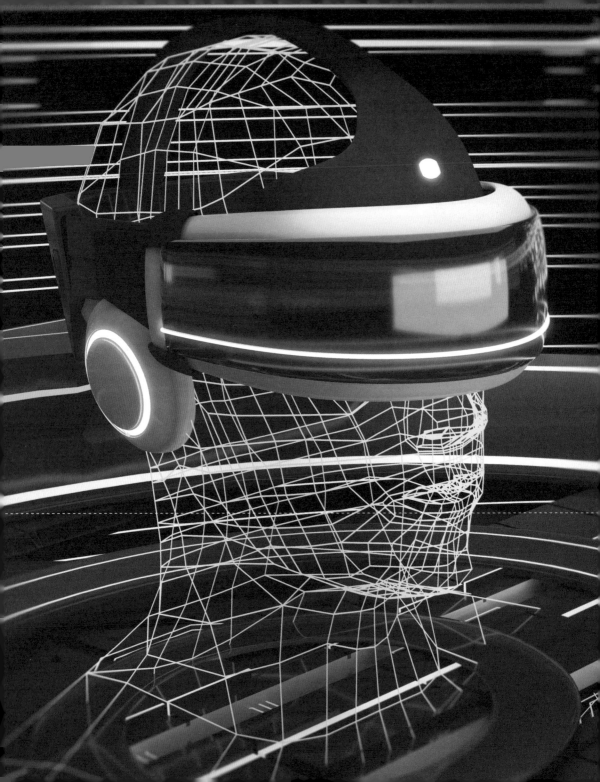

元宇宙
META
VERSE

3

元宇宙的
关键技术

作为元宇宙第一股的Roblox公司❶给出了元宇宙的八大要素：身份、社交、沉浸感、低延迟、多元化、随地、经济系统、文明。那么支撑这些元素的关键技术有哪些呢？目前看来，各界并没有一个统一的看法。笔者认为，计算技术与网络环境是元宇宙在现实世界的物理根基，它们为通向虚拟世界提供了方便、快捷和安全的技术保证；而显示技术（由VR或AR设备承载的）、游戏引擎和3D建模是实现元宇宙的沉浸感和多元化的重要支撑；身份、社交、经济系统和文明是人类社会活动的核心要素，而元宇宙要想成为平行宇宙，也必须解决这些要素实现的技术问题。目前看来，去中心化可能是一个可选的技术路径。

3.1　显示技术

VR或AR显示设备提供元宇宙的入口，而图像渲染为在虚拟空间逼真展现各种数字场景提供视觉技术支撑。

3.1.1　显示设备

什么是VR、AR？

VR（virtual reality）即虚拟现实，其具体内涵是以计算机技术为主，整合了计算机图形、计算机仿真、传感显示、并行计算等高新技术，在计算机上生成的、可交互的、在三维环境中提供沉浸感的技术。这种技术目前通过VR眼镜来呈现，如图3.1所示。

---

❶ Roblox公司：提供世界最大的多人在线、可创作游戏。中文名：罗布乐思。

图3.1　VR眼镜

AR（augmented reality）即增强现实，也被称为混合现实。它通过计算机技术，将虚拟的信息应用到真实世界，是把虚拟的物体实时地叠加到真实的环境中，使其同时存在于同一个画面或空间的技术。

VR、AR技术的原理是什么？

在我们使用VR、AR设备玩探索游戏时，画面中突然扑出一只可爱的兔子，即使知道那是假的，但身体还是会做出相应的反应，例如让开或发出惊叹的声音等。对于旁观者而言，虽然有点好笑，但是让其亲自上场，也会出现相同的反应，那是什么原因导致的呢？

人体如同一架结构复杂、控制精密的仪器，人体的视觉、嗅觉、触觉、味觉和听觉，分别由眼睛、鼻子、皮肤、舌头和耳朵等感觉器官实现，它们通过对获取的外部信息进行分析处理，转换为信号源，通过神经传输至大脑中，再通过大脑的统一处理，最终形成我们对外部世界的感知。在所有的感觉器官中，视觉所传递的信号源占比甚至超过80%。为营造身心沉浸的虚拟或叠加真实的体验，VR、AR设备的性能至关重要。

视网膜显示

所谓"视网膜显示"表示的是一个显示设备满足沉浸式体验的分辨率标准，

是苹果在发布 iPhone 4 时提出的。该标准不是一个显示锐度（包含清晰度、流畅程度等视觉冲击力指标）的绝对标准，而是随着显示屏尺寸和用户的典型视距而变化的。在介绍 iPhone 4 时，史蒂夫·乔布斯说的这个标准是用户设备距离眼睛 10～12 英寸（1 英寸＝2.54 厘米）时应该达到 300 PPI（pixel per inch，像素每英寸）。苹果现在已经把这个数据在两个方向上都实现了翻倍，从而与当时的整体分辨率相比，达到了四倍的增长。

目前的情况是，VR/AR 设备需要 8K（双目 7680×4320）以上的显示能力才能达到"视网膜显示"的效果。视频信号的传输也是一个待解决的问题。在 8K 分辨率下以 90Hz 的频率发送未压缩的 24 比特每像素的视频信号所需要的带宽（不含音频）是 63.7Gbit/s。参考目前最新的 HDMI（high definition multimedia interface，高清多媒体接口）2.1 标准，它可以传输的最大带宽是 48 Gbit/s，与 8K 视频要求的带宽还差不少。

刷新率方面，虽然 24 帧每秒（相当于用胶片拍摄的电影）已经能够提供连续的画面感知，但需要借助"视觉残留"的效果通过人脑填补两帧之间的空隙。随着显示技术的发展，目前的大多数智能手机已经可以维持在 60 帧每秒左右的帧率，而且具有更好的帧率稳定性。人们开始从 30 帧每秒过渡到 60 帧每秒的时代，眼睛也逐渐适应接收到更多的画面信号。

新的视频标准支持 120、240 和 300 帧每秒的播放，因为这些画面可以被均匀采样至 24、48 和 60 帧每秒的电影帧率或 25、30 和 60 帧每秒的视频帧率。据此，HTC Vive、Oculus 的 90 Hz，以及索尼 PSVR 的 120 Hz 都未达到更好的刷新率。可见，硬件性能和传输带宽若想满足 VR 需求，还需不断地提升。

混合现实（MR）

图 3.2 是一个混合现实（MR）的概念图，显示一个男孩在计算机科学课堂上戴着 VR 头显，通过 AR 软件学习齿轮的机械模型。

图3.2　混合现实（MR）概念图

VR配件

　　VR配件中，最常见的就是触觉手套了。手套上有很多传感器，通过传感器的作用使佩戴者在虚拟体验中增加了皮肤的感觉，从而进一步提升沉浸感和代入感。如图3.3中的男子除佩戴VR眼镜外，还戴了触觉手套。

图3.3　在数字空间中佩戴VR眼镜和触觉手套的男子

（1）Oculus Quest VR一体机

Oculus Quest 2是Facebook于2020年9月发布的VR一体机，后于2022年1月更名为Meta Quest 2，而硬件本身并无变化。

Meta官网介绍，Oculus Quest 2使用LCD屏，搭载高通Snapdragon XR2处理器，配备6GB运行内存。采用单眼1832×1920显示屏分辨率，双眼3664×1920显示屏分辨率，支持72 Hz和90 Hz的刷新率。

（2）华为VR Glass

华为推出的VR Glass 6DoF是华为的第二代VR智能眼镜，采用升级版定位追踪方案，并全新加入了游戏手柄、视觉捕捉模组和专用散热背夹等组件。

HUAWEI VR Glass 6DoF加入了自研的轻薄视觉定位系统，能够实现用户头部和双手实时高精准跟踪定位，搭配上手柄定位系统，双手可以在昏暗或者高速运动场景中实现准确跟踪。

除此之外，HUAWEI VR Glass 6DoF游戏套装配有对玩家的保护系统，玩家可以自定义安全使用区域，最大范围可达55米，玩家靠近安全区域时，系统会自动显示防护网，同时还会强制开启透视模式，以确保玩家的安全。

（3）Magic Leap增强现实装备

图3.4　新推出的2代Magic Leap AR眼镜

Magic Leap成立于2011年，是一家位于美国的AR公司。该公司最新发布了为企业打造的Magic Leap 2装备，如图3.4所示。

据其官网提供的技术参数，整套装备由头显、计算模块和控制器组成。其中，头显使用了超过18个不同的相机和传感器，应用了头部姿态获取和眼球跟踪技术，全部用于对设备所在空间的理解；计算模块包含一个16GB内存、256GB存储、7nm工艺AMD四核CPU和支持AMD RDNA 2架构的高性能GPU用于图形处理，可通过语音到文本的转换实现语音识别，并能与智能手机、蓝牙键盘一起工作；控制器应用红外和光学技术实现在6个自由度上的跟踪，及通过内建IMU（inertial measurement unit，惯性测量单元）支持在大范围内对移动敏感的解决方案。

小结

目前，VR、AR设备的输出效果怎样呢？

对此，Qualcomm芯片部门的首席技术官Matt Grob的话比较具有代表性："想象你坐在办公室里，墙上有一个4K分辨率的监视器或显示器，即使是50、60、70英寸，也只是你的视野的一部分。如果你想要看到整个领域，4K是远远不够的。你需要8K，甚至更多。它需要全视野，当你左右移动的时候，你希望它的延迟极低。它必须能够追踪你的目光……"

以今天的元宇宙需求来看，为了提供千兆网络，使每个人都可以可忽略的延迟获取内容，人们需要增加几倍的计算能力，同时需要重量轻和功耗低的显示设备。

3.1.2 图像渲染

渲染是一个用软件从物体模型生成图像的过程。

图像渲染需要GPU的帮助

计算机图形渲染需要处理非常大的数据量。人们要在计算机上实现实时的三维图像，就要借助显示硬件的帮助，即GPU（graphics processing unit，图形处理器）。

对许多大型的三维图形软件来说，大部分时间都是在进行渲染工作。图像渲染会涉及大量的浮点运算，以及为追求真实感而设计的各种光线跟踪、辐射度等算法。这些即使对于性能很好的CPU，也是很大的工作量。好的GPU凭借其专为图形加速而设计的硬件架构和处理能力，能够较好地完成这些计算，从而允许CPU有更多的时间处理全局性的任务。

非真实感渲染算法

真实感图形学是计算机图形学中的一个重要组成部分，它的基本要求就是在计算机中生成三维场景的真实感图形图像。真实感图形学已经有了非常广泛的应用，在计算机辅助设计、多媒体教学、虚拟现实系统、科学计算可视化、动画制作、电影特技模拟、电脑游戏等许多方面，发挥了重要的作用。

但正像绘画的最终目的并不仅仅是模仿自然和真实再现外部世界，在图像渲染领域，同样有多样化的目标和选择。近十年以来，这种多样化的探索形成了一个术语，它就是"非真实感图像渲染（NPR，non-photorealistic rendering）"，又称之为"风格化渲染"。

非真实感渲染并不关心如照片般真实地再现客观世界，恰恰相反，它更专注于图形个性化和艺术化的表现。在非真实感图像渲染中，人们需要对渲染内容和方式做出主动的选择。这对内容创造者（Content Creator）来说非常重要。因为这种情况下，他们认为重要的部分要重点表现，而且要用他们认为合适的方式来表现，而被创作内容在视觉上的真实并不是被考虑的重点。

为什么要用3D引擎？

3D引擎是在计算机中构建真实的"虚拟世界"的有力工具。3D引擎是一个算法的集合。它通过将现实中的物质抽象为多边形或者各种曲线等表现形式，在计算机中完成相关计算、并输出最终图像。

3D引擎根据是否能够即时计算出结果分为"实时3D引擎"和"离线3D引擎"。PC及游戏机上的即时3D画面就是用"实时3D引擎"运算生成的，而电影中应用的3D画面则是用"离线3D引擎"来实现以达到以假乱真的效果。

3D引擎对物质的抽象主要分为多边形和NURBS（non-uniform rational b-splines，非均匀有理B样条）两种。因为任何多边形都可以被最终分解为容易计算和表示的三角形，在实时引擎中的多边形实现已经成为了事实上的标准。在需要最好的视觉效果的场合，算法会使用大量的NURBS曲线来实现多边形很难表现出的细节和灵活性。相比多边形抽象，NURBS建模需要更多的计算量，也因此产生更大的输出延迟，主要应用于离线引擎。

3D引擎的一个主要部分是合理的渲染器，使用两种不同特点的算法：渲染算法和游戏算法。渲染算法使用叫作"光线追踪"的技术，而游戏算法使用叫作"光栅化"的技术，还有些引擎混合使用这两种技术。

◇ 有哪些受欢迎的渲染器？

V-Ray是业界最受欢迎的渲染器。基于V-Ray内核开发的有V-Ray for 3ds max、Maya、Sketchup、Rhino等诸多版本，它们为不同领域的优秀3D建模软件服务，提供了高质量的图片和动画渲染。

◇ 光线追踪技术

光线追踪是通过追踪来自摄影机的光线穿过像素组成的虚拟平面，并模拟其与物体相遇的效果来生成影像的。在动画中，每一束光线的直线部分的位置和方向总是在不断变化，因此每一条光线都要用一个数学方程式来表示，定义光线的空间路径为时间的函数，根据光线在到达屏幕前经过的场景中的目标的色素或颜色来为每一束光线分配一种颜色。通过这种方法，屏幕上的每一个像素对应每一时刻可以回溯到源头的一条光线，如图3.5所示。

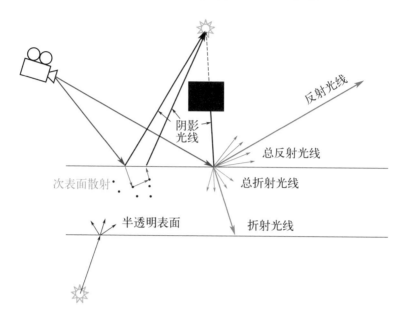

图3.5 光线追踪计算每一条光线的路径❶

为了创造效果，必须追踪不同的光线。例如：为了获得阴影，必须追踪某些光线；为了获得反射，必须追踪其他光线；等等。在光线跟踪中，每一个光线的路径由多重直线组成，几乎总是包含从原点到场景的反射、折射和阴影效应。

这种技术被用来创建逼真的影像。如果我们必须计算场景中大量的灯光和物体，就会大幅增加渲染的时间。三维艺术家必须考虑场景中一切事物的影响，包括反射（reflection）、折射（refraction）和半透明度（translucency），以及更复杂的元素，如置换、次表面散射和实例物体。

---

❶ 事实上，图中的光线并非肉眼所见的光线，是指光线追踪器所要计算的所有光线的总和。其中，阴影光线是从表面发出的，追踪器会根据在光源和表面之间是否有物体遮挡来判断是否形成阴影。

✧ 光栅化

光栅化（rasterization）的技术解释是在电视屏或电脑显示器上形成图形的过程。它是计算机图形学的一个术语，也是当今非常流行的渲染算法，可让我们快速获得影像，但没有光线追踪所提供的逼真。光栅化在游戏算法中非常常见，最大的优点是能提供实时体验，玩家可在3D场景中移动并产生不同的光影效果。

在光栅化算法中，屏幕上的物体是由虚拟三角形构成的网格来创建的，是物体的三维模型。在这个虚拟网格中，每个三角形的顶点，与具有不同形状和大小的其他三角形的顶点相交，每个顶点都提供特定的图形信息。通过收集所有顶点数据，构成物体的形状。然后，计算机将三维模型的三角形转换为二维屏幕上的像素，我们就能看到最终的影像。

光栅化技术可能会涉及大量计算，因为场景中的所有物体可能有数百万个多边形，而屏幕上有数百万个像素。

小结

图像渲染为元宇宙逼真展现各种数字场景提供了关键的技术支撑。随着VLSI（超大规模集成电路）技术的飞速发展，新一代GPU会具有更强大的处理能力，可以大幅度提高图形分辨率，以及通过更多的场景细节（多边形和纹理特征）提高全局近似度。

3.2 游戏引擎

早期的游戏引擎直接由提供游戏的公司设计并开发，但随着游戏市场的迅猛发展，为单一游戏开发的引擎已不能满足市场要求，于是出现了专门的游戏引擎。基本上比较知名的大型游戏公司都有自己的游戏引擎。

什么是游戏引擎呢？

游戏引擎是指一些已编写好的可编辑电脑游戏系统或者一些交互式实时图像应用程序的核心组件。这些系统为游戏设计者提供编写各种游戏所需的工具，其目的在于让游戏设计者能容易和快速地做出游戏程序而不用从零开始。大部分都支持多种操作平台，如Linux、Mac OS、微软Windows。

有哪些著名的游戏引擎呢？

✧ 虚幻引擎（Unreal）

虚幻引擎是美国Epic Games公司研发的一款3A级游戏引擎，是目前世界上最知名、授权最广的顶尖游戏引擎，占有全球商用游戏引擎80%的市场份额，也是次世代画面标准最高的一款游戏引擎。

✧ Unity

Unity是由Unity Technologies公司开发的一个让玩家能够轻松创建诸如三维视频游戏、建筑可视化、实时三维动画等类型互动内容的多平台的综合型游戏开发工具，是一个全面整合的专业游戏引擎。

✧ 寒霜引擎（Frostbite）

寒霜引擎是瑞典DICE游戏工作室为著名电子游戏产品《战地》（Battlefield）系列设计的一款3D游戏引擎。该引擎从2006年起开始研发，第一款使用寒霜引擎的游戏在2008年问世。

3.2.1 操作平台

游戏的本质其实就是运行在操作系统（OS）上的一个应用，所以游戏使用的各种系统支持和系统调用都是基于OS的API函数来完成的。而现在的游戏引擎都要求跨平台，一次开发能打包发布到Android、iOS、Windows、Mac、Linux等。

游戏引擎与操作平台的关系可以用图3.6来描述。

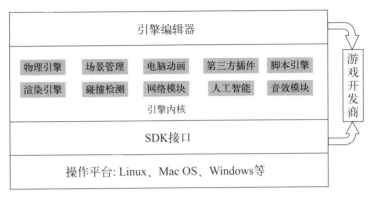

图3.6　游戏引擎与操作平台的关系

首先，引擎开发商会做一个SDK❶接口，它是提供给游戏开发商的系统接口，主要包含如下两方面应用：

① 连接操作平台的OS系统调用；

② 游戏的发布环境。

SDK写好以后，引擎开发商就基于SDK提供的OS的接口支撑来做游戏引擎的内核，游戏引擎的内核主要包括以下几大模块：渲染引擎、电脑动画、网络模块、碰撞检测、人工智能、音效模块、场景管理、第三方插件（如引入3Ds Max、Maya、PS等插件）、物理引擎、脚本引擎。

游戏引擎内核设计好了以后，基本上就可以基于这个内核来使用编辑器开发游戏了。最后就是游戏的发布环节，游戏引擎应用还会内置平台兼容的发布工具，让用户直接可以通过引擎可视化打包发布，降低开发难度。游戏引擎编辑器开发完成后，就可以正式交付游戏开发商使用，开发出各种不同类型的游戏。

---

❶ SDK：Software Development Kit，软件开发套件。

3.2.2　引擎内核

从开发流程看，游戏引擎属于中间件。美术资源的打造需要预先在其他软件中完成，如通过3Ds Max、Maya、ZBrush制作模型，通过PS绘制贴图，通过Houdini制作场景、动作捕捉获取动作信息，等等，然后导入引擎进行整合。音乐音效素材同样由引擎外的其他软件制作。随着应用领域的增加，游戏引擎还与工业软件、仿真应用、影视制作工具形成紧密连接。

无论是2D游戏还是3D游戏，无论是角色扮演游戏、即时策略游戏、冒险解谜游戏或是动作射击游戏，哪怕是一个只有1MB的小游戏，都有游戏引擎的作用。如今的游戏引擎已经发展为由多个子系统共同构成的复杂系统，从建模、动画到光影、粒子特效，从物理系统、碰撞检测到文件管理、网络特性，还有专业的编辑工具和插件，几乎涵盖了游戏开发过程中的所有重要环节。

游戏引擎有哪些主要功能？

① 首先是光影效果，即场景中的光源对处于其中的人和物的影响方式。游戏的光影效果完全是由引擎控制的，折射、反射等基本的光学原理以及动态光源、彩色光源等高级效果都是通过引擎的不同算法实现的。

② 其次是动画。游戏所采用的动画系统可以分为两种：一是骨骼动画系统，另一种是顶点动画系统。前者用内置的骨骼带动物体产生运动，比较常见；后者则是在模型的基础上直接进行变形。引擎把这两种动画系统预先植入游戏，方便动画师为角色设计丰富的动作造型。

③ 引擎的另一重要功能是提供物理系统，这可以使物体的运动遵循已知的规律。例如：当角色跳起的时候，系统内定的重力函数将决定他能跳多高，以及他下落的速度有多快；子弹的飞行轨迹、车辆的颠簸方式也都是由物理系统

决定的。此外，碰撞探测是物理系统的核心部分，它可以检测游戏中各物体的物理边缘。所以，当两个3D物体撞在一起的时候，这种技术可以防止它们相互穿过。这就确保了当你撞在墙上的时候，不会穿墙而过，也不会把墙撞倒，因为碰撞探测会确定两者的位置和相互的作用关系。

④ 渲染是引擎最重要的功能之一，当3D模型制作完毕之后，美工会按照不同的面把材质贴图赋予模型，这相当于为骨骼蒙上皮肤，最后再通过渲染引擎把动画、光影等所有效果实时计算出来并展示在屏幕上。渲染引擎的强大与否直接决定着最终的输出质量，因此在引擎的所有部件当中，它是最复杂的。

⑤ 引擎还有一个重要的职责就是负责玩家与电脑之间的沟通，处理来自键盘、鼠标、摇杆和其他外设的输入信号。如果游戏支持联网应用的话，网络模块也会被集成在引擎中，用于管理客户端与服务器之间的通信。

通过上面这些简单的介绍我们可以看到：引擎相当于游戏的框架，框架搭好后，关卡设计师、建模师、动画师只要往里填充内容就可以了。

小结

《堡垒之夜》在2019年就办过了一场史上最宏大的虚拟表演。那是一场1070万人参加的演唱会，这在现实中几乎无法实现。而这场冒险之旅最大的创新之处，就在于让玩家、音乐、游戏、互动体验全部连接了起来，这虽然与网络的支持分不开，但也测试出虚幻引擎的强大架构功能。

3.3　3D建模

互联网的形态一直以来都是2D模式的，但是随着3D技术的不断进步，在未来，将会有越来越多的互联网应用以3D的方式呈现给用户，包括网络视讯、电子阅读、网络游戏、虚拟社区、电子商务、远程教育等。

元宇宙的沉浸感离不开3D技术，而3D建模为元宇宙高速、高质量生产数字内容提供了技术支撑。

3.3.1　建模技术

3D建模软件中常用的建模技术是多边形建模和NURBS建模，本节就让我们一起来看看这两种建模技术的基本原理。

多边形建模

多边形建模就是Polygon建模，是三维软件两大流行建模方法之一（另一个是曲面建模），用这种方法创建的物体表面由直线组成，如图3.7所示。

图3.7　多边形建模技术的应用

NURBS建模（曲面建模）

NURBS建模采用"非均匀有理B样条"技术。NURBS能够比传统的网格建模方式更好地控制物体表面的曲线度，从而能够创建出更逼真、生动的造型。

谁在提供3D建模服务？

✧ HUAWEI的3D建模服务

在HUAWEI官网上可以找到"3D建模服务"，可实现"3D物体模型自动生成、PBR❶材质生成和3D动作捕捉功能"，实现3D数字内容的自动生产。

✧ VOXEL软件平台

瑞士AI初创公司Imverse创建了自己的3D图形VOXEL引擎。该引擎能够实时捕捉、渲染，并以流媒体的形式同时传输多人的全息图像。该成果在CES（国际消费电子展）2021上获"最佳流媒体创新奖"。

什么是VOXEL？

VOXEL（体素）是Pixel（像素）、Volume（体积），和Element（元素）的组合词，相当于3D空间中的像素。通过VOXEL技术，可以对3D空间进行网格划分，并且每个网格都被赋予了特征，存储包括材质、颜色、密度等图形信息，有利于创造出更精细的3D模型。

据称，应用这项技术，消费者可以与家人通过智能手机进行全息视频通话，并在另一个3D显示屏上观看，或者与你的同事用全息照相并通过微软的协作和通信平台Microsoft Mesh的方式进行远程合作。

---

❶ PBR英文全称为physically-based rendering，它是指基于物理真实的渲染算法或过程。

小结

让我们借用Imverse的联合创始人兼首席执行官Javier Bello Ruiz的话来总结一下3D建模对元宇宙建设的意义："要想让元宇宙成为现实，我们需要克服很多技术障碍，其中最大的挑战之一，就是让生产3D内容对于日常消费者和企业而言，变成一件简单、轻松、容易的事情。"换句话说，没有了内容的元宇宙就如同无本之木、无源之水，而3D建模为元宇宙的参与者提供了内容创设的有力工具。

3.3.2　建模方法

3D的建模方法有：基于AutoCAD的3D模型创建、基于点云的三维激光扫描建模和基于无人机飞行平台的倾斜摄影测量建模等。

创建3D模型的第一类方法是使用专门的3D建模软件从零开始，例如AutoCAD。这种方法的优点是，你可以设计一些还不存在的物体，比如汽车新部件或者视频游戏中的奇幻生物，或者借助照片和视频资料创建一个著名历史建筑的模型。这类方法的优点是可以发挥设计者的创意，不需要实地采集目标数据，节省时间和成本。

创建3D模型的第二类方法是扫描或摄影。CAD或几何建模（比如我们前面介绍的多边形建模）支持从头设计，但三维扫描或摄影有所不同，允许你为现实生活中的物体、人和环境制作逼真的数字副本。这种方法可以独立使用，也可以作为已有建模工艺的补充。例如将扫描结果导出至CAD软件，进行逆向分析检查，也可以导出至几何建模或雕塑软件做进一步编辑优化。

不同的建模方法

（1）基于CAD的建模方法

AutoCAD中的三维建模包括三维实体、曲面、网格和线框对象，如图3.8所示。

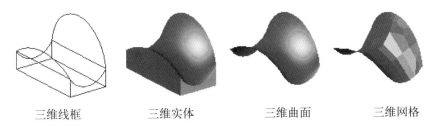

三维线框　　　　　三维实体　　　　　三维曲面　　　　　三维网格

图3.8　AutoCAD中的多种三维建模类型

各类型有不同特点、适用于设计的不同阶段或不同类型，各类型的功能如下：

◇　线框建模对于初始设计迭代非常有用，并且作为参照几何图形可用作三维线框，以进行后续的建模或修改；

◇　实体建模不但能高效使用、易于合并图元和拉伸的轮廓，还能提供质量特性和截面功能；

◇　通过曲面建模，可精确地控制曲面，从而能精确地操纵和分析；

◇　网格建模提供了自由形式雕刻、锐化和平滑处理功能。

一般而言，AutoCAD适合进行机械类的建模，而Autodesk Maya可用于动漫、影视，3Ds MAX也是不错的3D建模软件，可用于游戏和建筑。

（2）基于点云的三维建模方法

基于点云数据的建模是指通过三维激光扫描技术对已真实存在的物体进行扫描，然后利用激光测距原理获取该物体的空间几何信息，并记录反射率和纹理等信息（被称为"点云"）。这个过程相当于对目标进行了数字化，然后再将数据导入三维设计软件完成模型重建的过程。

三维激光扫描建模的优点包括：非接触式测量、速度快（即扫描仪速度能达到一百万点每秒）、精度高（精度误差仅有1mm）等。而缺点是扫描距离相对较近，通常是几十米至几百米。

（3）无人机倾斜摄影建模方法

倾斜摄影技术是国际摄影测量领域近十几年发展起来的一项高新技术。该技术在无人机上通过一个垂直、四个倾斜的相机镜头，从五个不同的视角同步采集影像，获取到丰富的建筑物顶面及侧面的高分辨率位置、纹理信息等用于建模需求。

倾斜摄影测量技术以大范围、高精度的方式全面感知复杂场景，通过高效的数据采集设备及专业的数据处理软件生成三维模型。该三维模型能够直观反映地物的外观、位置、高度等属性，为真实效果和测绘级精度提供保证。

✧ 倾斜摄影建模软件

倾斜摄影建模软件是基于倾斜摄影原理开发的三维建模软件，例如ContextCapture。操作流程大致如下：把整理好的无人机倾斜摄影图片导入建模软件；设置好图形处理的相关参数，对大模型的建设可选择计算机分布式处理；处理引擎会结合图片所包含的POS❶信息自动进行空中三角测量计算，从而生成三角网格模型；再结合像素纹理信息生成3D模型。

如何构建程序性数据？

另一种不断增长的内容形式被称为程序资产，它使用基于规则的算法来产生无限的变化。每个程序资产都提供了参数，这些参数能够定制产品的外观和形状。这对于合成数据
来说是完美的功能，其中每个参数都可以被随机化以实现丰富的多样性。用户可以反复调整这些参数，以获得满意的模型性能。

真实资产多种多样，程序资产通常会随着真实资产变化而改变。道路、人脸、布料和混凝土等材料都是很好的例子。磨损、年龄、形状和颜色等相关因

---

❶ POS：position orientation system，指基于GPS系统和IMU（惯性测量单元）信息来对相机进行定姿定位的摄影测量系统。

素可以内置为随机化算法的参数。

有哪些程序工具？

Unity着色器图形、Adobe Substance 3D和Houdini都是构建程序资产的灵活工具，Unity资产商店为特定类型的内容提供了几种程序工具。如图3.9，是用Unity工具构建的程序性道路。

图3.9　在Unity中构建程序性道路

有哪些在线3D资产？

获取3D内容最快、最便宜的方法是利用在线的方式下载现有的作品资产。例如，Unity资产商店提供由3D艺术家创作的免费和付费内容，这些内容能够应用于游戏、电影和其他3D应用程序。

小结

高质量的3D内容对构建元宇宙的虚拟世界意义重大，不仅可为电影、游戏等应用提供数字资源，还可用于虚拟城市的构建。随着3D建模技术的不断发展，人们也有了越来越多的渠道来获得需要的3D数据。

3.4 网络技术

元宇宙需要什么样的网络环境？

元宇宙需要的网络环境是在互联网的基础上更进一步，实现的是实时、随地的移动通信。严格说来，移动通信技术是计算机科学与互联网技术发展的重要成果之一。

移动通信技术经过第一代、第二代、第三代、第四代技术的发展，目前，已经迈入了第五代发展的时代（5G移动通信技术），这也是目前改变世界的几种主要技术之一，如图3.10所示，其中的7.7B表示总的移动连接数可达77亿之多。

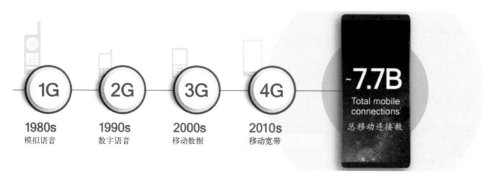

图3.10　移动通信技术的发展

元宇宙由于其完全沉浸感、高仿真及高用户参与性，有可能产生人类历史上最大的数据量，因此有着对于低延迟和高带宽的需求，未来5G毫米波和6G

的推广和普及将成为关键点。

3.4.1　宽带移动通信

现代移动通信技术使用的频段，覆盖了从低频、中频、高频到甚高频、特高频这些频段。通信方式上，从模拟制式的移动通信到数字语音通信、再到移动多媒体通信，直至目前的高速、宽带移动通信，信息传输的速度不断提升，延时不断减少，技术的可靠性进一步提升，为人们的生产生活提供了不可或缺的信息服务。

元宇宙对网络的要求是什么？

元宇宙八大要素中的沉浸感、低延迟和随地三个要素对网络提出了较高的要求，包括：

① 传输目标：高速❶、高效（高频带利用率）；

② 网络目标：高用户容量❷、高组网灵活度、无缝覆盖。

怎样定义元宇宙的网络传输标准？

元宇宙最大的特点就是完全沉浸感，因此高分辨率、低时延的画面传输对元宇宙体验来讲是必须项，这对于网络传输的带宽、延迟提出了新的需求，同时元宇宙内数以亿计的交互用户量级将对网络传输的可靠性提出更高要求。目前主流消费级XR❸设备分辨率均为2K，部分可达到4K分辨率，但距离理想元宇宙终端至少8K的分辨率还有一定距离。4K分辨率下，经H.265标准压缩比压缩后，4K内容需要

---

❶ 高速：即高带宽，用来表征网络速度；目前在我国的5G覆盖区域都能提供50M以上的带宽。

❷ 高用户容量：需要宽带服务，指网络能够同时容纳的并发接入用户数量。

❸ XR：扩展现实（extended reality），通过对AR、VR、MR等技术的合理应用，实现虚拟内容与现实场景的融合。

的理论传输速率需要在12 ～ 40Mbit/s之间。

根据中国信通院2021年调研数据显示，我国4G移动网络在重点城市场景中的实际数据下载速率整体稳定在40到80Mbit/s之间，5G移动网络在各重点路段平均下载速率整体稳定在600至1000Mbit/s之间，可以满足移动4K分辨率的XR设备对于网络带宽的要求。而8K的分辨率是7680×4320，是4K分辨率的4倍，经H.265标准压缩比压缩后，8K内容需要的理论传输速率约288至960Mbit/s，远高于目前我国4G移动互联网的平均下载速度。

但是在我国主要铺设的5G Sub-6GHz网络下，网络下载速率理论峰值可达到2000M左右，处理8K分辨率的XR设备数据吞吐较为可行。截至2021年10月底，我国5G终端用户达到4.5亿，地级市和超过97%的县城城区实现5G网络覆盖，为我国发展元宇宙打下了坚实的网络设施基础。

元宇宙要求什么样的组网方式？

由于元宇宙对网络高速、高用户容量的要求，4G网络无法达到标准，5G应用成为首选。目前的网络基础建设正处在5G开发阶段，但由于5G频谱的范围很宽，在不同频段有不同的监管要求和技术标准，因此在组网上存在4G与5G并存、5G的不同频段并存的情况。如图3.11所示，是一种4G与5G多频段并存的组网方式。从中

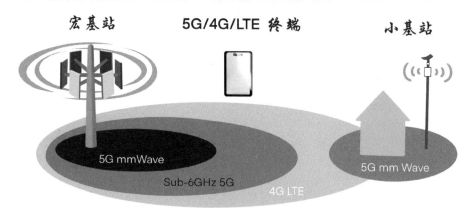

图3.11　多种网络形式并存的探索

也不难看出，5G毫米波（5G mmWave）的覆盖范围是最小的，其次是Sub-6GHz，而4G LTE的覆盖范围最广。

首先要区分一下5G频段中，毫米波与Sub-6GHz的实际区别：Sub-6GHz实际上就是现有的6GHz以下的频段发展而来，而毫米波基于30～300GHz的高频频段，属于5G发展中异军突起的新势力。如图3.12所示，是Qualcomm（高通）公司对5G频段的划分，具有参考意义。

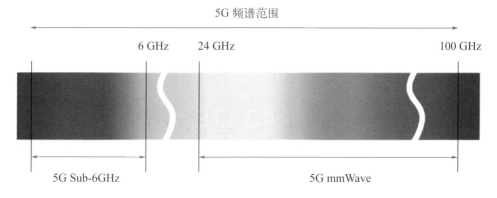

图3.12　Qualcomm划分的5G频谱范围

虽然毫米波在传输速率与可用带宽上有先天优势，能实现更多我们设想中的未来5G使用场景，但毫米波的缺点也同样显著：受制于毫米波的先天限制，其传输距离都非常短，同时还极易受外部环境影响，比如恶劣天气甚至是雾霾。这也是在之前网络发展中为什么没有充分利用这些频段的原因。

不过，上述毫米波的缺陷还是可以通过大规模部署基站来弥补的，这种解决方法简单粗暴，而且大大提高了5G早期商用的布网成本。实际上，也只有美国的几家运营商在采用这种方案，因为在美国6GHz以下已经被占用，目前的大笔投入也是为了在5G商战中获取先机，而包括欧洲与中国在内的大部分5G商用地区都还是采用了以Sub-6GHz为主的组网方式。

为建成广覆盖、大容量的移动网络，运营商可以利用低、中、高三层频段来协同组网，例如，1GHz以下的4G LTE做覆盖层，Sub-6GHz做容量覆盖主流5G设备，而毫米波则是聚焦覆盖高容量需求，如图3.13所示。

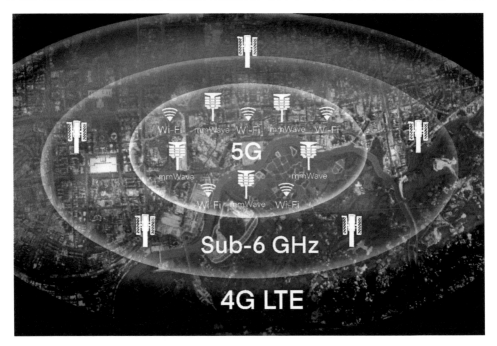

图3.13　利用多层频段协同组网的5G示意图

5G手机对哪些频段提供支持？

　　就目前而言，Android 5G手机（例如，三星Galaxy Note 20）还是主要以支持Sub-6GHz频段为主，但也有部分美国运营商的定制版机型搭载支持mmWave（毫米波）的调制器与射频系统。

　　5G与4G手机的主要区别之一在天线的设计，简单来说，支持4G和5G Sub-6GHz的天线尺寸在厘米级，而5G毫米波则要求天线尺寸降到毫米级。因此，在支持5G毫米波的手机上，需要有专门的天线模组。此外，射频前端要与天线尽可能靠得近。总之，5G手机因支持不同的5G频段在功能设计上更加复杂，如图3.14所示。

META VERSE 元宇宙简史

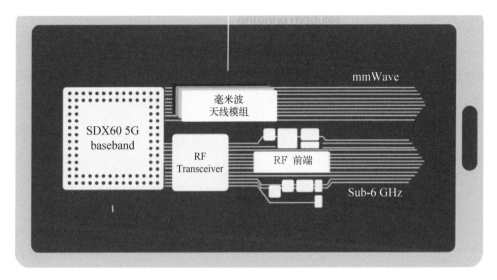

图3.14　可接收不同频段信号的5G手机设计方案

小结

我们现在想象到的大部分超高速网络带来的科幻场景，比如在容纳数万人的体育场内既能保证每个人的手机信号，还能同时向外传输4K高清影音乃至AR/VR等更多形式的直播内容，或者更多消费电子乃至工业领域的使用场景，其实都仍然要依赖毫米波5G。不过，鉴于毫米波的传输缺陷，技术上还有很多问题要解决。

3.4.2　5G应用场景及性能指标

5G有哪些应用场景？

ITU（International Telecommunication Union，国际电信联盟）定义了5G的三大类应用场景，即eMBB（enhanced mobile broadband，增强移动宽带）、uRLLC（ultra-reliable low latency communications，超高可靠低时延通信）和

mMTC（massive machine type of communication，海量机器类通信）。

增强移动宽带（eMBB）主要面向移动互联网流量爆炸式增长，为移动互联网用户提供更加极致的应用体验；超高可靠低时延通信（uRLLC）主要面向工业控制、远程医疗、自动驾驶等对时延和可靠性具有极高要求的垂直行业应用需求；海量机器类通信（mMTC）主要面向智慧城市、智能家居、环境监测等以传感和数据采集为目标的应用需求。

✧ 增强移动宽带（eMBB）

eMBB典型应用包括超高清视频、虚拟现实、增强现实等。这类场景首先对带宽要求极高，关键的性能指标包括100Mbit/s用户体验速率（热点场景可达1Gbit/s）、数十吉比特每秒峰值速率、数十太比特每秒平方千米的流量密度、500km/h以上的移动性等；其次，涉及交互类操作的应用还对时延敏感，例如虚拟现实沉浸体验对时延要求在10ms量级。

✧ 海量机器类通信（mMTC）

mMTC典型应用包括智慧城市、智能家居等。这类应用对连接密度要求较高，同时呈现行业多样性和差异化。智慧城市中的抄表应用要求终端低成本、低功耗，网络要求支持海量连接的小数据包；视频监控不仅部署密度高，还要求终端和网络支持高速率；智能家居业务对时延要求相对不敏感，但终端可能需要适应高温、低温、震动、高速旋转等不同家居工作环境的变化。在3GPP❶技术文档TR22.891中，对于传感器类MTC要求其连接数达到一兆每平方千米。

✧ 超高可靠低时延通信（uRLLC）

uRLLC典型应用包括工业控制、无人机控制、智能驾驶控制等。这类场景聚焦对时延极其敏感的业务，高可靠性也是其基本要求。自动驾驶实时监测

---

❶ 3GPP：3rd Generation Partnership Project，第三代合作伙伴计划。3G技术规范机构，成立于1998年12月。

等要求毫秒级的时延，汽车生产、工业机器设备加工制造时延要求为十毫秒级，信号可达性要求接近100%。

5G有哪些性能指标？

为满足5G多样化的应用场景需求，5G的关键性能指标更加多元化。ITU定义了5G八大关键性能指标，其中高速率、低时延、大连接成为5G最突出的特征，用户体验速率达1Gbit/s，时延低至1ms，用户连接能力达100万连接数每平方千米。

八项性能指标归纳如下：

① 峰值速率需要达到10 ~ 20Gbit/s，以满足高清视频、虚拟现实等大数据量传输；

② 空中接入时延低至1ms，满足自动驾驶、远程医疗等实时应用；

③ 具备连接数达到一兆每平方千米的设备连接能力，满足物联网通信需求；

④ 频谱效率要比LTE提升3倍以上；

⑤ 连续广域覆盖和高移动性下，用户体验速率达到100Mbit/s；

⑥ 流量密度达到10Mbit/（s·m^2）以上；

⑦ 移动性支持500km/h的高速移动；

⑧ 能量效率提升100倍以上。

实际上，这些性能指标是与5G三大应用场景配套提出的，是实现5G关键应用的必备技术条件。

3.4.3　移动边缘计算

ETSI（European Telecommunications Standards Institute，欧洲电信标准化协会）对移动边缘计算（MEC，mobile edge computing）的定义是一种网络架构，它在移动网边缘提供云计算和IT服务，而在广泛意义上是在任何网络的边缘提供这种服务。由于其应用场景涉及移动计算的各种应用，例如摄像头、移动或远程医疗、物联网的所有应用（包括工业物联网）、游戏（包括AR/VR体验）、网联汽车等，因此也被称为多接入的边缘计算。

MEC的本质是在靠近移动用户的地方运行应用及进行相关任务的处理，以降低网络拥塞、并让应用运行得更好，如图3.15所示。

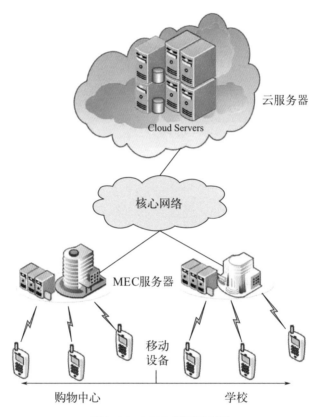

图3.15　MEC组网示意图

MEC有哪些应用？

面向业务层面（物联网、视频、医疗、零售等），MEC可向行业提供定制化、差异化服务，进而提升网络利用效率并提供增值服务。如图3.16所示，是MEC视频应用的一个例子。在移动网的边缘，用户通过MEC服务器、经过核心网络，获得手机影像与Internet提供的内容叠加服务。在5G的网络环境中，Internet提供的内容服务是高带宽和低延迟的。

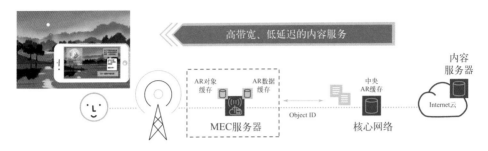

图3.16　MEC的视频应用举例

MEC的特点是什么？

分布式计算

MEC提供一个支持应用程序和服务托管的分布式计算环境。它能够在靠近蜂窝用户的地方对内容进行存储和处理，以获得更快的响应时间。

部署灵活

MEC应用服务器可以作为LTE蜂窝网络的一部分部署在宏基站中，或作为3G蜂窝网络的一部分部署在RNC（radio network controller，无线网络控制器）中，或部署在支持多种网络技术的蜂窝聚集站点。

优势

通过使用MEC技术，蜂窝网络运营商可以为专门的客户或客户群组进行新服务的高效部署。该技术可以降低核心网络的信号负载，并可以较低的成本托管应用和服务。它还能为第三方部署的每个应用或服务收集数据，这些数据包括存储、网络带宽、CPU利用率等。而应用开发商和内容提供商可以利用与蜂窝用户近在咫尺的好处开发产品。

技术上，MEC在创建的时候使用了开放标准和API（application programming interface，应用程序界面），采用通用的编程模型、相关工具链和SDK（software development kit，软件开发工具包），这些都有利于鼓励和加快支持新MEC环境的应用开发。

小结

在互联网应用迅猛发展的大前提下，移动端应用迫切需要一个更有竞争力、可扩展，同时又安全和智能的接入网。移动边缘计算将会提供一个强大的平台解决未来网络的延迟、拥塞和容量等问题。

3.5　计算技术

元宇宙究竟需要怎样的算力？算力在元宇宙的世界中发挥怎样的作用？作为ChinaNet的重要奠基人，中国工程院院士刘韵洁指出，元宇宙相关技术实现依靠超强算力，需达到AR/VR 3900、区块链5500、AI 16000 EFLPOS（简称E）❶级别的算力以提供连续长周期、突发短周期的智能服务。不过，以目前的算力水平，人类还无法提供上述场景下的智能服务。

3.5.1　高性能计算

从系统角度，高性能计算（high performance computing，缩写HPC）通常指在单个机器中使用多核处理器或在某一计算集群中使用多台计算机（作为单个计算资源操作）的计算系统和环境。在我们通常了解的计算机中，服务

---

❶ EFLPOS：exa-floating-point operation per second，算力单位，即10^{18}浮点运算次数每秒。

器是一类性能全面、计算能力强大的计算机器它们可以应用在不同领域，比如天气、医药、建筑和金融等领域。经过专门设计的这类机器，还可以成为性能非常强大的计算机，就是所谓的高性能计算机。如图3.17所示，是一个运行服务器的机房。

图3.17　服务器机房

那么，高性能计算机的衡量标准又是什么呢？

高性能计算机的衡量标准并不唯一，典型的是计算速度，尤其是浮点运算速度。而浮点运算对应的算力单位是FLOPS，这是计算机以秒为单位能够完成的浮点运算次数。

高性能计算机是提供强大算力的硬件基础，其中最具代表性的当数"超级计算机"，也称"超算"。超算主要应用于复杂的科学计算，通常由各国政府组织实施和研发。世界上还有专门的机构每年组织一次超算的评选和排名，结果公布在世界500强榜单上。因此，超算也是一个国家信息实力的表现。

什么是超级计算机？

在科研和工程领域，有许许多多普通计算机无法完成的

计算任务。例如：原子特性的量子力学计算、药物反应过程的分子动力学模拟、黑洞碰撞的相对论模拟、大气运动和天气变化的预测、桥梁设计中的应力计算等。这些复杂的问题，如果用单个CPU核心计算，需要的计算时间是我们难以接受的，解决的办法就是用很多CPU核心进行并行计算以提高效率。而超级计算机就是在这样的应用需求下诞生的，是集成大量CPU于一身的高性能计算系统。

超级计算机的全球TOP500榜单

据《纽约时报》2022年5月消息，国际超算大会（ISC）在德国发布2022年上半年全球超算TOP 500榜单，美国橡树岭国家实验室的新型超算"前沿"（Frontier）位居榜首，此前连续两年"霸榜"的日本"富岳"（Fugaku）位居第二。欧洲高性能计算联合会在芬兰新建造的超算"LUMI"排名第三。

在新上榜的三台超算中，除"前沿"和"LUMI"，另一台是来自法国的"Adastra"超级计算机，此次位居第十。根据该榜单，前十名中，美国占据5席，中国仅占两席，分别是排名第六的"神威·太湖之光"和第九的"天河二号"，但中国在全部排名中占有173席。

◇ 美国"前沿"超算长什么样？

"前沿"系统是目前在国际上公告的首台每秒能执行百亿亿次浮点运算的计算机，如图3.18所示。它位于74个独立机柜中，拥有9400个中央处理器以及

图3.18 美国"前沿"超算

37000个图形处理器，这些处理器可提供3D图形数据，也可用于处理一系列其他任务。"前沿"如果在峰值功率下运行，会产生大量热量，因此每分钟需要四个大功率泵将25000升以上的水推到机器周围进行降温。

百亿亿次超级计算机也被称为E级超级计算机，每秒计算次数超过10^{18}。普通笔记本电脑每秒只能进行几十亿次运算，而"前沿"的运行速度是其一亿多倍。2019年，美国能源部宣布，拨款6亿美元给克雷公司和超威半导体公司，在橡树岭国家实验室建造这台超级计算机。它的研制代表了国际上高端信息技术创新和竞争的前沿，可用于对气候变化、核聚变模型进行精确建模，有助于新药的研发以及加密技术破解，因此也将成为国家安全的重要工具。

◇ 中国"神威·太湖之光"的威力

神威·太湖之光是由国家并行计算机工程技术研究中心研制，安装在国家超级计算无锡中心的超级计算机，"太湖之光"的命名来源于无锡旁边的太湖。

神威·太湖之光超级计算机安装了40960个中国自主研发的申威26010众核处理器，共有10649600个CPU核心。该众核处理器采用64位自主神威指令系统，峰值性能约三千万亿次每秒，核心工作频率1.5GHz。

神威·太湖之光在全球超级计算机500强排名位列前十。它由40个运算机柜和8个网络机柜组成，如图3.19所示。运算机柜用于放置"超节点"主机，网络机柜用于部署计算互联结构。

图3.19　神威·太湖之光超级计算机

清华大学地球系统科学研究中心与计算机系合作，利用"神威·太湖之光"首次实现了百万核规模、高分辨率的地球系统数值模拟。

小结

随着信息化社会的飞速发展，人类对信息处理能力的要求越来越高。无论是AR/VR，还是智慧医疗、无人驾驶、金融科技等技术和应用的落地，都需要算力的支持。其中，代表算力"霸主"的高性能计算机将为元宇宙应用提供重要支撑。

3.5.2 云计算

"云"就是计算机群，每一群包括了几十万台甚至上百万台计算机，这些计算机分布在世界各地。如图3.20所示是云计算的示意图。

图3.20 云计算的示意图

什么是云计算？

云计算（cloud computing）是一种依靠网络"云"将复杂的应用程序分解为易于处理的很多小程序，并利用部署在网络中的服务器对这些小程序进行处理和分析，是一种十分典型的分布式计算。

通过这项技术，可以在很短的时间内（比如几秒钟）完成对数以万计的数据信息的处理，而仅通过本地计算却可能花费几小时甚至几天的时间，从而实现强大的分布计算效力。

云计算时代有哪些特点？

从上面的介绍不难看出，云计算后面是庞大的服务器机群，而使用者只要按需付费即可获得优秀的服务体验，具体来说，云计算具有以下5大特征：

① 随地。为用户提供便捷的服务，即云计算支持用户在任何位置、使用各种终端获得所需服务；

② 易用性。用户能够快速和廉价地获得"云"所提供的基础设施资源，而无须了解云计算的具体机制，用户通过个人电脑或者移动设备接入互联网就可找到所需的信息或服务，并可像水、电、煤气那样计费；

③ 经济性。云计算的基础设施由第三方提供，用户不用再为非经常性的计算需求花费高昂的设备投资，用户按需购买"云"的计算、存储等资源，并享受"云"的规模优势，经常只要花费几百美元、几天时间就能完成以前需要数万美元、数月时间才能完成的任务；

④ 可靠性。云计算系统由大量计算机组成集群向用户提供计算服务，有条件利用软硬件的冗余备份机制保证数据和服务的可靠性；

⑤ 可扩展性。"云"的规模可动态调整，满足应用和用户规模的变化，为用户提供稳定的网络服务。

云计算有哪些服务类型？

    云计算的服务类型通常分为三类，即基础设施即服务（IaaS）、平台即服务（PaaS）和软件即服务（SaaS）。

    三类服务构建了服务堆栈，按服务内容分层。其中，IaaS包含数据中心的计算、网络、存储和操作系统等构成基础设施的部分；PaaS在基础设施之上还有数据库、编程环境和应用管理等；SaaS则在基础设施和应用环境之上，还包含了应用软件部分。

    打个比方：如果把云计算数据中心比作一间开放式的厨房，那么IaaS相当于只在厨房中配置了燃气灶和排油烟机这样的基础设施；PaaS相当于在IaaS之上又添加了料理台，允许用户对食材进行加工再烹饪；SaaS在PaaS之上又提供了烹饪需要的几大菜谱，是最完整的厨房解决方案。

云计算有哪些主要的应用场景？

    较为简单的云计算技术已经普遍服务于当今的社会生活。最为常见的就是网络搜索引擎和网络邮箱。在任何时间和地点，只要在有网络的地方，用移动设备就可以在搜索引擎上寻找自己想要的资源，而提供支持的就是云端资源共享。网络邮箱的情况也是如此。在云计算和网络技术的推动下，网络邮箱在现代社会生活中取代了大部分邮局信件的功能。只要在网络环境下，就可以实现邮件的即时收发。不仅如此，目前云计算已被广泛应用于电子商务、教育、医疗、交通、金融、汽车、物流等行业。下面就让我们来看几个主要的应用场景。

（1）存储云

简单来说，云存储就是将存储资源放到云上供用户使用的一种新技术方案。使用者可以在任何时间、地点，通过任何上网设备连接到云端存取数据资源或访问所需的信息。

谷歌、亚马逊都是国外著名的云服务提供商。在国内，百度、阿里、腾讯等也都是著名的云服务提供商，为人们提供了便捷的云存储服务。

（2）医疗云

医疗云是基于云计算，并结合物联网、5G通信等技术手段创建的医疗健康服务云平台。云医疗包括云健康信息平台、云远程诊断及会诊系统、云远程监护系统以及云教育培训系统等。

（3）教育云

教育云包括了教育信息化所必需的一切硬件计算资源，这些资源经虚拟化之后，向学校、教师和学生提供一个良好的平台，该平台的作用就是为教育领域提供云服务。教育云的主要产品包括：成绩系统、选课系统、考勤系统、教学资源库、班级社区、智能试题库等。

（4）金融云

金融云计算指利用云计算模型，将各金融机构及相关机构的数据中心互联互通，构成云网络，以提高金融机构的整体运营效率、更好地为客户服务。金融云的发展旨在为银行、基金、保险等金融从业机构提供IT资源和互联网运维服务。

全球的云计算市场分布

目前国内外很多大型互联网企业都有成熟的云计算服务，根据Synergy Research Group的统计，截至2021年第四季度，亚马逊、谷歌、微软三者约占据了整个全球市场的

64%。国内的云计算发展起步较慢，但增长势头也十分强劲，目前阿里云、腾讯云等国内前列的云计算提供商在国际市场中也有了一定的地位。

小结

云计算为用户带来的元宇宙体验感是非常优秀的，其中包括了高效的数据处理运算、低延迟服务、数据安全性、网络易用性以及相互协作等。

3.5.3　边缘计算

边缘计算是最广泛意义上的MEC，是在任何网络的边缘建立计算、存储、应用等核心能力为一体的开放平台，产生"随地"的低延时、高带宽响应，满足用户的各种需求。

这部分内容的关键部分已在3.4.3小节进行了介绍，这里不再赘述。但随着端侧应用对算力增长的持续需求，近年来出现了"算力网络"的概念。

什么是算力网络？

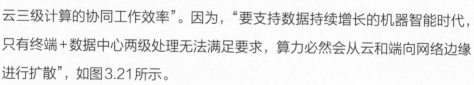

2019年，中国联通网络技术研究院与华为技术有限公司在《中国联通算力网络白皮书》中提出"网络将出现云、边、端三级算力架构"。而"算力网络的出现是为了提高端、边、云三级计算的协同工作效率"。因为，"要支持数据持续增长的机器智能时代，只有终端+数据中心两级处理无法满足要求，算力必然会从云和端向网络边缘进行扩散"，如图3.21所示。

所以，算力网络就是一种根据业务需求，在云、边、端之间按需分配和灵活调度计算资源、存储资源以及网络资源的新型信息基础设施。算力网络的本质是一种算力资源服务。

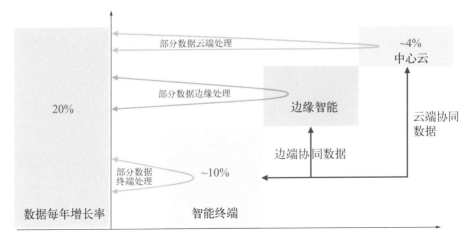

部分数据云端处理

~4%
中心云

部分数据边缘处理

边缘智能

20%

云端协同数据

边端协同数据

部分数据
终端处理

~10%

数据每年增长率

智能终端

图3.21 云、边、端三级算力协同的数据处理模式（图片来源：中国联通网络技术研究院，华为技术有限公司.中国联通算力网络白皮书 [R]. 2019）

MEC出现在"算网"元素中

在算网中，MEC部署在靠近基站的边缘位置，使得内容来源最大程度地靠近终端用户，甚至可以使终端能够在本地直接访问内容，从数据传输路径上降低了业务响应时延。

据研究，未来有70%的互联网内容可以在靠近用户的城域范围内完成处理；基于MEC，可以将这些内容存储在本地，MEC缩短了与终端用户之间的信息传输距离，流量在本地被消化，节省了MEC到核心网和Internet的传输资源，进而为运营商节省70%的网络建设投资。

从图3.21我们不难看出，数据处理的分配模式已经从云端为主向云、边、端协同处理发展，并且智能化终端的数据处理需求不断上升，而这是由于元宇宙对算力的不断增长的需求驱动的。在下一小节中，我们将看到，端侧算力逐渐成为业界发力的重点领域。

3.5.4 端侧算力

用户端联网设备包括：PC、平板和笔记本电脑、智能手机等。随着终端硬件技术的不断发展和应用领域的迅速扩大，终端产品在种类和形态上都呈现出多样化的格局，像各种可穿戴设备、智能家居、物联网以及车载设备等都是近年出现的新类型。

为什么端侧算力很重要？

想一想今天最流行的类似元宇宙的体验，比如《堡垒之夜》（Fortnite）或《罗布乐思》（Roblox）。

开发者们早就想要打造一种成百上千现实玩家在共享的虚拟环境中"同场"竞技的模拟体验。随着技术的发展，2020年4月23日，美国说唱歌手Travis Scott在《堡垒之夜》游戏中举办了名为"Astronomical"的虚拟演唱会，当时创下全球超过一千万玩家同时在场的峰值纪录。

然而，即便是《堡垒之夜》这样的游戏，由于每个玩家在设备性能上的差异，为了保证游戏效果，大部分玩家分散在一张非常大的"云"图上，而不是真的在一起。这样做的好处是，只需服务器跟踪每个玩家在做什么，而玩家的设备不需要渲染其他玩家或跟踪/处理其行为，因此也就降低了对玩家所持设备的性能要求。也就是说云、边、端之间有垂直的互动，但端侧设备之间并未实现协同。

关于这个问题，Epic Games首席执行官Tim Sweeney在2019年表示："我不禁想要知道未来这些类型的游戏将会向哪些我们今天无法实现的方向发展。在《堡垒之夜》中我们的峰值是1070万玩家——但是那是10万个百人团游戏。我们能否最终将他们放在一个共享的世界中呢？那会是怎样的体验呢？"关于这个问题，我们来看以下的研究和实际进展。

端侧算力网络

随着端侧用户和应用的不断增加，人们发现，仅有云、边算力的加强并未解决终端算力不均的问题，而允许从更多的设备进入虚拟环境比仅允许性能最好的设备进入要好。

在算力网络架构的基础上，中国信息通信研究院和中国通信协会联合中国移动通信集团、北京邮电大学于2022年发表了《端侧算力网络白皮书》，指出"如何充分利用泛在终端的算力资源，是提升网络整体资源利用率的关键"。"面向海量泛在的终端节点，开展端侧算力网络（TCAN，terminal computing aware network）的研究与应用是实现整体算力网络的重要环节之一"。"区别于算力网络中云、边、端三者相互协同，端侧算力网络侧重一定空间内终端设备之间的协同"。

端侧算力网络的一个重要特点就是需要多终端协同处理一个任务，不同的终端设备的硬件差异较大，"资源虚拟化是将设备的硬件能力进行抽象，构建虚拟化资源池，实现不同设备之间的硬件能力共享，突破单一终端设备的处理能力的局限性"。在此背景下，用户手里的智能终端已经不仅仅是孤立的上网设备，而是成为通过云、边网络服务器管理的"云"终端设备，如图3.22所示。

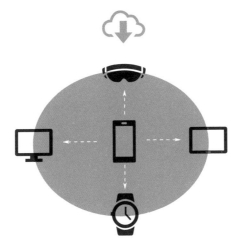

图3.22　多终端协同概念

端侧AI的发展

近五年来，全球云服务和服务器市场的增速都有明显的放缓趋势，投入巨额资金建立服务器机房、大规模扩张云服务的时代可能已经过去。在这样的大背景下，云端AI也开始加速走向边缘和终端侧。

端侧AI具有如下优点：

① 隐私安全性：AI技术用于端侧，可以让数据留在端侧进行处理，不需要通过网络上传到云侧的处理中心；

② 响应及时性：可以最大限度降低响应时延，实现快速响应并输出；

③ 应用灵活性：AI运行于端侧也会支持更多定制化功能，面向用户的具体场景做出灵活调整。

高通的端侧AI发展战略

高通在端侧AI的发展上做了两件事，为端侧AI的发展布局：一是发布了"高通AI软件栈"（Qualcomm AI Stack），用于对开发者生态的赋能；二是推出了第七代高通AI引擎。

在具体AI应用表现方面，第七代高通AI引擎的推理速度是前代的4倍，而能效则提升了70%，解决了端侧AI落地的功耗问题，为进一步发展端侧AI迈出了坚实的一步。

特别值得一提的是，除了高AI能效比，第七代高通AI引擎还具有灵活的扩展能力。高通在Hexagon(骁龙)处理器中打造了高度可配置的硬件解决方案，使用户能够将AI解决方案从智能手机扩展到更多智能终端领域。由此可见高通对端侧AI发展的重视。

未来的端侧AI技术

今天，AI技术逐渐从云端转移到边缘，但实际上AI边缘学习的效果依然比较有限。展望未来，期待端侧AI加速落地，从而让智能设备具有端侧学习能力。

业界希望下一步能够实现完全分布式的AI，能够在终端上进行推理和一定程度的学习工作，从而让用户得到个性化数据，同时实现数据的隐私保护。

小结

元宇宙将持续拥有人类历史上最高的算力要求，而计算将可能继续处于极度短缺的状态。云计算中心的建设可能已经过了高速发展的阶段，为了不断提升元宇宙所需的网络算力，目前出现了"算""网"融合的发展态势，强调云、边、端的协同发展，同时，建立端侧算力网络、加速端侧AI的落地可能是充分利用端侧设备空闲算力的有效途径。

参考文献

[1] 清华大学新闻与传播学院新媒体研究中心. 元宇宙发展研究报告2.0版@新媒沈阳团队 [R/OL]. (2022-01-21)[2022-06-25]. https://weibo.cn.

[2] 毕马威中国. 初探元宇宙 [R/OL]. [2022-06-25]. https://kpmg.com/cn.

[3] Wikipedia. Retina Display[DB/OL]. [2022-12-05]. https://en.wikipedia.org/wiki/Retina_display.

[4] 华为官网. https://www.huawei.com/cn/.

[5] MagicLeap官网. https://www.magicleap.com.

[6] 百度百科. 图像渲染 [DB/OL]. [2022-06-25]. https://baike.baidu.com/item/图像渲染/22031608.

[7] Chaos-3D渲染＆模拟软件. https://www.chaos.com.cn.

[8] 高通官网. https://www.qualcomm.com.

[9] 百度百科. 游戏引擎[DB/OL]. [2022-06-25]. https://baike.baidu.com/item/游戏引擎/620879.

[10] VOXEL软件平台. Imverse SA [EB/OL]. [2022-12-05]. https://www.startup.ch/imverse.

[11] Autodesk. https://knowledge.autodesk.com/zh-hans/support/autocad/.

[12] Bentley Systems. https://www.bentley.com/software/contextcapture/.

[13] EasyRoads 3D. https://www.easyroads3d.com.

[14] Unity Asset Store. https://assetstore.unity.com/?locale=zh-CN.

[15] 中国信息通信研究院. 中国"5G+工业互联网"发展报告 [R]. 2021.

[16] 毫米波才是距离我们生活最近的技术 [EB/OL]. (2020-12-31)[2022-06-25]. http: //design.eccn.com/design_2020123110035529.htm.

[17] 电子工程世界. 5G三大场景: eMBB、mMTC、uRLLC [EB/OL]. [2022-12-05]. www.eeworld.com.cn/zt/Qorvo/view/441.

[18] Wikipedia. Multi-access edge computing [DB/OL]. [2022-12-05]. https:// en.wikipedia.org/wiki/Multi-access_edge_computing.

[19] Arif Ahmed,Ejaz Ahmed. A Survey on Mobile Edge Computing [C]//Proceeding of 2016 10th International Conference on Intelligent Systems and Control(ISCO). Seattle,WA,USA: IEEE,2016: 1-8.

[20] Mobile-Edge Computing (MEC) industry initiative. Mobile-Edge Computing – Introductory Technical White Paper [R]. 2014.

[21] 元宇宙需要什么样的"算力"? [EB/OL]. (2022-04-01)[2022-06-25]. https:// tech.gmw.cn/2022-04/01/content_35629957.htm#.

[22] 科普贴: 何为超级计算中心?超算有多厉害?[EB/OL]. [2022-06-25]. https:// zhuanlan.zhihu.com/p/18391457.

[23] 维基百科. 前沿_(超级电脑) [DB/OL]. [2022-12-05]. https://zh.wikipedia.org/ wiki/前沿_(超级电脑).

[24] 橡树岭实验室(美)https://www.olcf.ornl.gov/frontier/.

[25] 百度百科. 神威·太湖之光超级计算机[DB/OL]. [2022-12-05]. https://baike. baidu.com/item/神威·太湖之光超级计算机/19755876.

[26] 维基百科. 神威·太湖之光[DB/OL]. [2022-12-05]. https://zh.wikipedia.org/ wiki/神威·太湖之光.

[27] 百度百科. 云计算 [DB/OL]. [2022-12-05]. https://baike.baidu.com/item/云计算/9969353.

[28] 百度百科. 教育云[DB/OL]. [2022-12-05]. https://baike.baidu.com/item/教育云/10701012.

[29] Reno,Nv. As Quarterly Cloud Spending Jumps to Over $50B,Microsoft Looms Larger in Amazon's Rear Mirror[EB/OL]. (2022-02-03)[2022-06-25]. As Quarterly Cloud Spending Jumps to Over $50B,Microsoft Looms Larger in Amazon's Rear Mirror | Synergy Research Group (srgresearch.com).

元宇宙简史

[30] HUAWEI(IP知识百科). 什么是边缘计算?[EB/OL]. [2022-12-05]. https://info. support.huawei.com/info-finder/encyclopedia/zh/边缘计算.html.

[31] 算力网络[EB/OL]. [2022-12-05]. 什么是算力网络?为什么需要算力和算力网络? - 华为 (huawei.com).

[32] 中国联通网络技术研究院, 华为技术有限公司. 中国联通算力网络白皮书 [R]. 2019.

[33] 中国移动通信集团终端有限公司, 北京邮电大学, 中国信息通信研究院, 中国通信学会. 端侧算力网络白皮书[R]. 2022.

[34] 知乎. 当IP走进虚拟世界,《堡垒之夜》1000万人在吃鸡游戏听演唱会[EB/ OL]. (2020-04-30)[2022-06-25]. https://zhuanlan.zhihu.com/p/137530988.

[35] 智东西. 瞄准终端侧, 这次高通要用一套"AI组合拳"打天下[N/OL]. (2022-09-14)[2022-12-05]. https://tech.ifeng.com/c/8JJ4QERIKyX.

元宇宙
META
VERSE

4

元宇宙的
发展

德勤研究与分析认为，最早从2031年开始，作为独立行业的元宇宙才能开始逐步打通数据与标准的壁垒，进入相对成熟整合阶段。

（1）1992—2020：起始阶段

·1992年，概念产生

·2018年，《头号玩家》上映，人们对元宇宙有了具体的描绘和想象

·2019—2020年，歌手Marshamello和TravisScott先后在《堡垒之夜》举办虚拟演唱会。

（2）2020—2030：探索阶段

·2020年，Roblox上市，第一次把元宇宙的概念写入招股书，元宇宙开始火爆。

·2020年，基于以太坊2.0的启动，具有更好的可扩展性、安全性和可编程性，这标志着区块链基础设施里程碑式的升级。

·2021年，面向企业的实时仿真和协作平台Omniverse上线。

·2020—2021年，Facebook、EpicGame、英伟达、微软、腾讯、网易、字节跳动等企业纷纷布局元宇宙概念相关产业

（3）2030—? 各行业成熟整合

2030到未来，将是元宇宙基础设施大发展阶段。

元创元宇宙研究所认为元宇宙的发展将经历多平台阶段、平台融合阶段、全面元宇宙时代三个阶段。未来10年将是多平台阶段，然后在接下来的10～50年进入平台融合阶段，50年以后进入全面元宇宙时代。

还有自媒体把元宇宙的发展分为四个或五个阶段。

不可否认的是，元宇宙的雏形尚在孕育，各个行业对于线上化、数字化与虚拟化的进一步认识还存在一定的技术瓶颈。只有等5G网络、物联网、区块链、人工智能、云计算等"数字基建"突破发展，真正的元宇宙才会到来。

本章将为读者介绍元宇宙的建设成就。这些成就有的是基于计算机科学的发展（比如人工智能和大数据科学），有的是像脑机接口这样的前沿技术。通过

本章的介绍，读者们还将看到：去中心化区块链技术的重要应用，5G 移动通信令人激动的建设和应用进展，以及围绕元宇宙丰富多彩的产业生态。

4.1　AI（人工智能）及其应用

斯坦福大学的尼尔逊教授（Nils John Nilsson，1933—2019）是人工智能领域的开创者之一，他给人工智能下了这样一个定义："人工智能是关于知识的学科，即怎样表示知识以及怎样获得知识并使用知识的科学。"而美国麻省理工学院的温斯顿教授认为："人工智能就是研究如何使计算机去做过去只有人才能做的智能工作。"

这些说法反映了人工智能学科的基本思想和基本内容。

人工智能在其发展过程中形成了不同的研究分支，早期的专家系统、决策树等通过存在的公理和逻辑体系进行推导、运算，或通过遗传算法编程来模拟生物的进化过程以实现机器智能，还有通过贝叶斯定理计算复杂事件发生的概率来实现推理。后来出现了模仿生物大脑的人工神经网络模型，通过向数据学习以实现特定的智能，例如自然语言处理、自动驾驶、家居智能管理等。

人工智能处在什么样的发展水平？

在计算机出现以后的岁月中，无数科学家为提高计算机的智能水平努力着。经过大家的不懈努力，如今的人工智能在某些领域已经赶超人类的智慧。例如，1997年5月，IBM公司研制的深蓝（Deep Blue）计算机战胜了国际象棋大师卡斯帕洛夫（Kasparov）。2016年3月，Google公司研制的阿尔法围棋（AlphaGo）首次战胜了人类棋手李世石，是人工智能崛起的标志性事件，如图4.1所示。

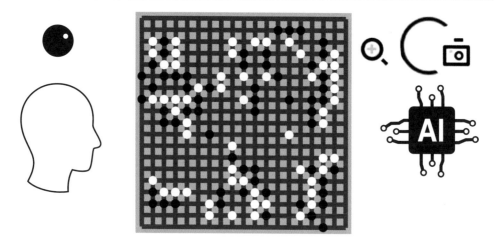

图4.1　人类与AI机器人的围棋对弈

普遍的看法认为，目前的人工智能还处在"类似"智能的水平，还不能进行真正的"推理"和"决策"，即"弱"人工智能阶段。有目共睹的是，人类科学家正在努力使人工智能从"弱"向"强"迈进，让它在人类诞生之初就有的能力上接近或达到人类的水平。例如，人类在婴孩时期就能感受到周边人群的喜悦、平静、焦虑以及愤怒等情感信息，从而作出或哭、或笑等行为反应。然而机器要做到这一点却很难，因此机器也被认为是"弱智"的。用计算机科学家Donald Knuth的话来说："人工智能已经在几乎所有需要思考的领域超过了人类，但是在那些人类和其他动物不需要思考就能完成的事情上，差距是明显的。"

4.1.1　机器学习

通俗而言，机器学习是研究怎样使计算机能像人类一样学习、进步，从而能够智能地解决人类需要机器解决的各类问题。严格来讲，机器学习是实现人工智能的一种途径，但也是人工智能的核心技术。

机器学习算法是一类从数据中自动分析获得规律，并利用规律对未知数据进行预测的算法，同时还允许机器在学习中自动改进算法，从而获得更好的学习模型。

机器学习通常分为如下几个类别。

- 监督学习：目标是从训练数据集分析获得一个结果函数，当有新的数据输入时，可以根据这个函数预测结果。特点是训练数据集的输出需要人为标注。常见的监督学习算法有各类回归算法、支持向量机（SVM）等。

- 无监督学习：与监督学习不同的是，训练数据集没有人为标注的输出，机器会在没有指导的情况下自动学习。常见的无监督学习算法有聚类、关联规则等。

- 半监督学习：介于监督学习和无监督学习之间的算法，可以处理标记和未标记数据组成的混合训练集。

- 强化学习：该算法的特点是能够根据环境的变化对自身作出调整，并对行动作出评估。如果结果是正向的，算法获得回报，否则将获得惩罚。为了随着时间的推移获得更多回报，它需要获得最优化策略。

机器学习的新方向

深度学习（DL，deep learning）是机器学习（ML，machine learning）领域中一个新的研究方向，是机器学习的一个子集。

深度学习是学习样本数据的内在规律和表示层次，这些在学习过程中获得的信息对诸如文字、图像和声音等数据的解释有很大的帮助。它的最终目标是让机器能够像人一样具有分析学习能力，能够识别文字、图像和声音等数据。

理论上，"深度学习"是指多层的人工神经网络和训练它的方法。多层神经网络会把大量矩阵数据作为输入，通过非线性激活方法取权重，再产生另一个数据集合作为输出。这就像生物大脑的工作机理一样，通过合适的矩阵取值，多层组织连接在一起，形成"大脑"神经网络并进行复杂的智能处理。

深度学习的应用实例

阿尔法围棋（AlphaGo）是一款围棋人工智能程序，其

主要工作原理便是"深度学习"。阿尔法围棋是通过两个不同神经网络"大脑"合作来改进的。

第一大脑：策略网络

阿尔法围棋的第一个大脑是"监督学习的策略网络（policy network）"，其通过预测每一个合理下一步为最佳的概率来完成"落子选择"。概率最高的入选，这可以理解成"落子选择器"。

第二大脑：价值网络

阿尔法围棋的第二个大脑相对于落子选择器是回答另一个问题，即在给定棋子位置情况下，预测每一个棋手赢棋的概率。这个"局面评估器"就是"价值网络（value network）"。通过分析归类潜在的未来局面的"好"与"坏"，阿尔法围棋能够决定是否通过变异算法去深入解读。如果局面评估器认为这个变异算法不行，那么AI就跳过解读。

这些网络通过反复训练来检查结果，再去校对调整参数，让下次执行更好。如果有强大的算力支持，这个AI程序在更多的训练后能进化得更好。

"阿尔法围棋"（AlphaGo）与智能计算

对阿尔法围棋是否能代表智能计算的问题，答案目前还有争议。但比较一致的观点是，阿尔法围棋的成功象征着计算机技术已进入以人工智能为代表的新信息技术时代（新IT时代），其主要特征就是大数据和算力引领，AI的智慧正在接近人类。

4.1.2　自然语言处理

自然语言处理（natural language processing，NLP）是人工智能的一个重要分支，它研究能实现人与计算机之间用自然语言进行有效通信的各种理论和方法。

为什么说实现NLP是一件十分困难的事情？

实现人机间自然语言通信意味着要使计算机既能理解自然语言文本的意义，也能以自然语言文本来表达给定的意图、思想等。前者称为自然语言理解，后者称为自然语言生成。

无论实现自然语言理解还是自然语言生成，都远不如人们原来想象的那么简单。造成困难的根本原因是自然语言文本和对话在各个层次上存在广泛的各种各样的歧义性或多义性（ambiguity）。

自然语言的形式（字符串）与其意义之间是一种多对多的关系，这也正是自然语言的魅力所在。但从计算机处理的角度看，我们必须消除歧义，即要把带有潜在歧义的自然语言输入转换成某种无歧义的计算机内部表示。有人认为这正是自然语言理解中的关键问题。

对于上述问题的解决，需要处理两方面的问题：一方面，迄今为止的语义分析都限于一个孤立的句子，对上下文关系及谈话背景对本句的约束和影响还缺乏系统的研究；另一方面，人理解一个句子不是单凭语法，还运用了大量的有关知识，包括生活知识和专门知识，这些知识的存储和运用需要巨大的计算机存储空间和计算处理能力。

怎样用AI处理这个问题？

自然语言处理领域一直是基于规则和基于统计的两种研究方法交替占据主导地位，但传统的基于句法和语义规则的方法过于复杂，随着语料大数据的应用，大规模真实文本的机器学习处理成为NLP的主要方法。目前，自然语言处理领域存在统计与规则方法并用，形成混合处理系统的趋势。同时，鉴于词汇与语义的"多对多"关系，词汇的作用也越来越受重视，词汇知识库的建设成为普遍关注的问题。

事实上，人工智能与自然语言处理之间形成了一种相辅相成的关系。例如语音识别、机器翻译的突破都与深度学习技术密不可分。谷歌翻译目前用深度神经网络技术将机器翻译提升到了新的高度，即使达不到人工翻译标准，也足以应对大部分的需求。

4.1.3 智能汽车

智能汽车也是人工智能运用的一个主要场景。

通俗来讲，智能车辆就是在一般车辆上增加了先进的传感器（如雷达、摄像头等）、控制器、执行器等装置，通过车载的环境感知系统和信息终端，实现与人、车、路等的信息交换，使车辆具备智能环境感知能力，能够自动分析车辆行驶的安全或危险状态，并使车辆按照人的意愿到达目的地，最终实现自动操作的汽车。如图4.2所示为智能车辆所处的车联网环境。

图4.2　车联网示意图

智能汽车的发展及相关技术要求

大致上，智能汽车将经历两个阶段。第一阶段是智能汽车的初级阶段，即辅助驾驶；第二阶段是智能汽车发展的终极阶段，即完全替代人的无人驾驶。根据美国高速公路安全管理局的定义，智能汽车的发展可分为以下五个层次。

① 无智能化（L0）：由驾驶员时刻完全地控制汽车的原始底层结构，包括制动器、转向器、油门踏板以及启动机。

② 具有特殊功能的智能化（L1）：该层次汽车具有一个或多个特殊自动控制功能，可通过警告防范车祸，可称之为"辅助驾驶阶段"。这一阶段的许多技术大家并不陌生，比如车道偏离警告系统（LDW）、正面碰撞警告系统（FCW）、盲区监测（BSD）系统。

③ 具有多项功能的智能化（L2）：该层次汽车具有将至少两个原始控制功能融合在一起实现的系统，完全不需要驾驶员对这些功能进行控制，可称之为"半自动驾驶阶段"。这个阶段的汽车会智能地判断司机是否对警告的危险状况作出了响应，如果没有，则替司机采取行动，比如紧急自动刹车系统（AEB）、紧急车道保持系统（ELKS）。

④ 具有限制条件的无人驾驶（L3）：该层次汽车能够在某个特定的驾驶交通环境下让驾驶员完全不用控制汽车，而且汽车可以自动检测环境的变化以判断是否返回驾驶员驾驶模式，可称之为"高度自动驾驶阶段"。谷歌无人驾驶汽车基本处于这个层次。

⑤ 全工况无人驾驶（L4）：该层次汽车需要可靠的"智能"驾驶系统和先进的移动互联网，可完全自动控制车辆，全程检测交通环境，能够实现所有的驾驶目标，驾驶员只需提供目的地或者输入导航信息，在任何时候都不需要对车辆进行操控，可称之为"完全自动驾驶阶段"或者"无人驾驶阶段"。

智能汽车产业需要哪些关键技术？

车联网、智能交通系统（ITS，intelligent transportation system）为智能汽车提供了智能化的基础设施和管理体系，随着汽车智能化层次的提高，反过来也要求车联网、智能交通系统同步发展。

车联网的概念源于物联网，即车辆物联网。包括如下主要的关键技术：

① 射频识别（RFID），是通过射频信号实现物体识别的一种技术。具有非接触、自动识别等特点。RFID不仅能够感知物体位置，还能感知物体的移动状态并进行跟踪。

② 传感器网络，是通过大量传感器组成的网络。用来实时采集车辆信息，包括车辆位置、状态参数、交通信息等。

③ 全球卫星定位，用于为车辆的定位和导航提供精准的位置服务。比较著名的定位系统包括美国的GPS系统和我国的北斗卫星导航系统等。

④ 无线通信，是实现车联网技术和指挥数据实时传输的核心技术。

⑤ 大数据，包括信息管理系统、分布式数据库、数据挖掘等。借助车联网的海量数据信息，大数据技术不仅可用于提高用户的满意度，还可以为车联网的发展提供数据支持。

智能交通系统的建设是以先进的智能技术为基础，不同于传统的交通管理、服务系统，所以称为智能交通系统。

未来预测

① 美国电气和电子工程师协会（IEEE）预测，21世纪中叶前，无人驾驶汽车将占据全球汽车保有量的75%，汽车交通系统概念将迎来变革，交通规则、基础设施都将随着无人驾驶汽车的出现而发生巨变，智能汽车可能颠覆当前的汽车交通运输产业运作模式。

② 根据全球知名咨询机构IHS汽车部门发布的预测报告，"通过电脑系统

实现无人驾驶的智能汽车",其发展速度正在赶超纯电动汽车,2025年左右将走进寻常百姓家,2035年销量将达到1180万辆,占同期全球汽车市场总销量的9%。

以往在科幻大片中才能见到的无人驾驶汽车,随着电脑系统智能化水平的提高,已经离我们的现实生活越来越近了。

4.1.4　智能家居

智能家居是人工智能的又一重要应用场景,如图4.3所示。

图4.3　智能家居

智能家居通过物联网技术将家中的各种设备(如数字影音设备、照明系统、窗帘控制、空调控制、安防系统、网络家电等)连接到一起,提供遥控操作、智能监测、红外转发以及可编程定时控制等多种技术手段。与普通家居相比,智能家居在传统的居住功能之上,提供了信息化管理功能,在更加方便、安全的同时,甚至能够进一步节能降耗,为实现绿色家居提供新思路。

智能家居需要什么样的网络?

智能家居需要的是家庭网络,它与纯粹的"家庭局域网"不同。家庭局域网是指连接家庭里的PC、各种外设及与因

特网互联的各种设备的网络系统，它是家庭网络的一个部分，而家庭网络是在家庭范围内（可扩展至邻居甚至小区）将PC、智能家电、安防系统、照明系统和因特网相连的一种组网新技术。

当前家庭网络可以分为"有线"和"无线"两大类。有线方案主要包括：双绞线或同轴电缆连接、电话线连接、电力线连接等。无线方案主要包括：红外线连接、无线电（包括Wi-Fi方案、ZigBee方案、Bluetooth方案等）连接、基于RF技术的连接和基于PC的无线连接等。

智能家居的发展趋势

智能家居最初的发展主要以灯光遥控控制、电器远程控制和电动窗帘控制为主，随着行业的发展，未来家居产品将实现真正的智能，即交互、感知和自我学习。

物联网智能家居的概念正在逐步实现，接下来可能的发展是融合大数据技术，完成对数据的合法收集并上传云端，还可以下载云端的分析数据用于智能系统的训练。

可以预见，在人工智能的参与下，未来的家居产品将会学习用户的使用习惯，通过与用户的交互及自我学习，逐渐成为有经验的"管家"。

4.2　大数据

什么是大数据？大数据的主要特征是什么？

在迈尔-舍恩伯格和库克耶编著的《大数据时代》中，大数据指不用随机分析法（即抽样调查）这样的捷径，而对所有数据进行分析处理的方法。这种方法通过对海量数据的

挖掘和分析，可以实现对所关注主题的合理预测。

简单来说，大数据是一种大规模的数据集合（图4.4），因对它进行存储、管理和分析的需求远远超过传统计算机的处理能力，所以称为大数据。

图4.4　大数据示意图

从技术上看，对大数据的高效处理、挖掘和应用需要云计算这样的算力，即通过云计算的分布式架构所提供的强大算力来实现，如图4.5所示。

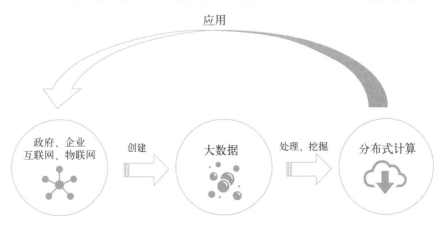

图4.5　大数据的产生和分析处理

IBM提出的大数据5V特征是：Volume（大量）、Velocity（高速）、Variety（多样）、Value（低价值密度）和Veracity（真实性）。

结构化与非结构化数据

大数据包括结构化和非结构化数据。所谓结构化数据是能够用数据或统一的结构加以表示的信息，例如，电话号码、地址、产品名称等。这些数据可以放入电子表格或SQL数据库，能够被计算机直接进行处理或查询。

结构化数据以外，本质上都是非结构化的数据，它不符合任何预定义的模型，它可能是文本的或非文本的，也可能是人为的或机器生成的。绝大多数的网络可用数据都是非结构化数据。例如，一个公司内部的邮件信息、会议记录以及相关调研结果，或者个人网站、社交媒体、论坛上的评论等。

非结构化数据越来越成为数据的主要部分。据IDC（国际数据公司）的调查报告显示，企业中80%的数据都是非结构化数据，这些数据每年都按指数增长60%。

非结构化数据不能被计算机直接处理，需要转换为结构化数据，目前对非结构化数据的处理面临巨大挑战。

4.2.1 分析处理

在大数据的处理上，起到关键性作用的就是大数据框架。通过大数据框架，可实现对大规模数据的运算处理，满足不同应用场景的处理需求。

目前，可用的大数据框架很多，知名且较为成熟的包括Hadoop、Spark以及Storm。Hadoop是经典的大数据框架，而Spark和Storm这两个后起之秀也发展迅速。

这三个框架有哪些特点？

（1）Hadoop框架

Hadoop是一个由Apache基金会所开发的分布式系统基础架构，适合大规模数据的批处理。用户可以在不了解分布式底层细节的情况下开发分布式程序，从而充分利用集群的威力进行高速运算和海量存储。

Hadoop框架的核心组件是：HDFS（hadoop distributed file system，即分布式文件系统）和MapReduce编程模型。HDFS为海量的数据提供了存储空间，而MapReduce则使海量数据的计算得以实现。Hadoop的MapReduce模型由于过于底层，其中间计算结果会全部写入HDFS文件系统，导致大量的磁盘IO以及网络IO的操作，因此不适合需要低延时的实时处理场景，对于复杂逻辑的实现可采用离线处理模式。

（2）Spark框架

Spark是UC Berkeley（即加利福尼亚大学伯克利分校）的AMP Lab（Algorithms，Machine and People实验室）所研发的开源、通用并行框架，是能对大规模数据进行批处理或流处理的混合框架。

Spark拥有Hadoop MapReduce所具有的优点，但不同于MapReduce的是，其任务的中间输出结果可以保存在内存中，从而不再需要频繁读写HDFS，极大提高了数据处理的速度，适合进行大规模数据的实时处理。

Spark core是Spark的核心组件，用来实现对数据的快速处理；Spark Streaming用于专门对数据进行流式处理，进一步提高数据处理能力；而Spark SQL用来对结构化数据进行交互式查询。

相比Hadoop，Spark能更好地适应需要大量MapReduce迭代的数据挖掘与机器学习算法，并能提供更快的响应速度。

（3）Storm框架

Storm与Spark一样都是基于分布式框架进行实时处理的大数据系统。Storm是专门用于流处理问题的解决方案。

按照Apache Storm官网的介绍，Storm拓扑消耗数据流并以任意复杂的方式处理这些流，同时按需在计算的每个阶段之间重新进行流的分区，如图4.6所示。

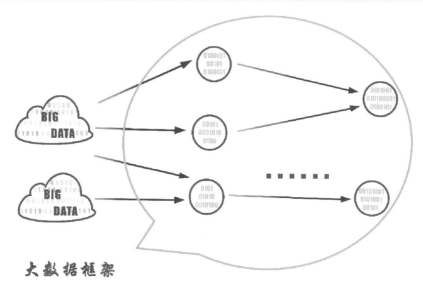

图4.6　Apache Storm对数据流的处理

Storm的优势在于能够提供更好的计算延迟，几乎能够适用任何场景。具体而言，Spark框架的计算延迟在秒级，而Storm可以处理毫秒级的计算问题。因此，对实时处理要求不高的应用可以使用Spark框架，例如：股市中股票价格的变化适合秒级应用，因此可以使用Spark进行分析；而在消费场景中对账户异常交易的处理则需要更快的反应速度，适合使用Storm以极低延迟发现，并在消费者利益受到不法侵害之前发出系统预警。

4.2.2　实际应用

科技的终极目的总是用来服务生活，大数据也是这样的。

大数据分析有哪些实际应用？

（1）通信行业

移动通信运营商可以把签约用户的手机位置信息和商户信息结合起来，为客户提供实时的生活服务信息。据报道，NTT docomo（日本最大的移动通信运营商）拥有超过六千万签约用户，通过大数据分析，顾客可以得到附近的餐饮店信息，或在临近末班车时获得末班车信息服务。

（2）医疗大数据

医疗行业早就遇到了海量数据和非结构化数据的挑战。电子化的医疗数据方便了存储和传输，但是并未达到进行数据分析的结构化要求。

据统计，大约80%的医疗数据是自由文本构成的非结构化数据，其中不仅包括大段的文字描述，也包括包含非统一文字的表格字段。要实现计算机对医疗大数据的分析，就要将非结构化医疗数据转化为适合计算机分析的结构化形式。

近年，清华大学统计学研究中心研发的深度医学语言理解技术，不仅能够识别各种医学概念在自然语言中的丰富表达，还通过医学语义分析实现了各种维度或深度的数据分析，曾为美国麻省总医院、布莱根妇女医院等顶级医疗机构成功分析处理了超过1亿篇次的电子病历。

（3）机场大数据

Fraport是一家位于德国法兰克福的全球机场业务管理企业。目前，该公司依靠SAS（一个国际著名的统计分析系统），并融合微软的云计算（Azure）能力，能够预测每班次航班到达指定出口的时间，因此，机场方面能够充分部署地勤人员，并且更好地根据地面情况管理旅客流。

法兰克福机场是欧洲的第三大机场，每年接待的旅客数量大约为8,500万人次，而且还是500多家企业落户的商业区。Fraport通过大数据分析，成功让旅客在这样一个复杂的环境中得到良好的服务和平稳的旅行体验。

什么是脑机接口？

脑机接口（brain computer interface，BCI），指在人或动物大脑与智能设备之间创建信号通路，实现脑与设备的信息交换。

脑机接口的研究基础在哪里？

脑机接口研究的主线是大脑不同寻常的皮层可塑性，以及如何使大脑与脑机接口相适应，让智能设备像自然肢体那样受到脑的控制。

脑机接口的研究成就

在当前所取得的技术与理论成果的支持之下，脑机接口研究的先驱者们已尝试制造出增强人体功能的脑机接口，而不仅仅止于恢复人体的功能。这种技术在以前还只存在于科幻小说或电影之中。

4.3.1 脑电图应用

人的大脑是由数以万计的神经元组成的，脑电波（electroencepha-logram，EEG）就是这些神经元之间的活动产生的电信号，如图4.7所示。为了检测到脑电波，人们通常将电极放置在人的头皮上来检测信号，再应用相关的设备进行脑电波的收集与处理。

图4.7　脑电波示意图

EEG作为有潜力的非侵入式脑机接口已得到深入研究，这主要是因为该技术良好的时间分辨率、易用性、便携性和相对低廉的价格。

用于恢复人体功能

这方面研究的一个典型例子是德国图宾根大学的Niels Birbaurmer于1990年代进行的项目。该项目利用瘫痪病人的脑电信号使其能够控制电脑光标。美国罗切斯特大学的Jessica Bayliss在2000年的一项研究显示，受试者可以通过脑电P300信号来控制虚拟现实场景中的一些物体，例如开关灯或者操纵虚拟轿车等。

1999年，美国凯斯西储大学由Hunter Peckham领导的研究组用64组脑电图恢复了四肢瘫痪病人Jim Jatich一定的手部运动功能。该技术通过分析脑电信号中的β波，来分类病人所想的向上和向下两个概念，进而控制一个外部开关。除此以外，该技术还可以使病人控制电脑光标以及驱动其手部的神经控制器，来一定程度上恢复运动功能。

用于人与人之间直接协作

2019年，华盛顿大学（University of Washington）和卡内基梅隆大学（Carnegie Mellon University）的多家研究机构联合发表了关于BrainNet的学术论文。BrainNet是关于多人通过脑电波协作解决问题的非侵入性脑机连接网络。该脑机连接采用了脑电图来记录大脑信号和经颅磁刺激（TMS，transcranial magnetic stimulation）并无创地向大脑传递信息，如图4.8所示。

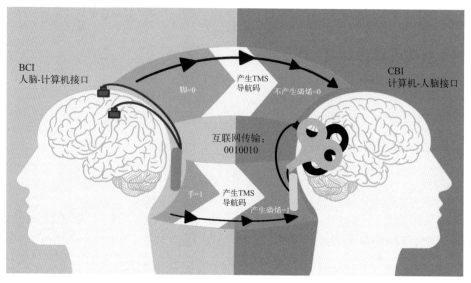

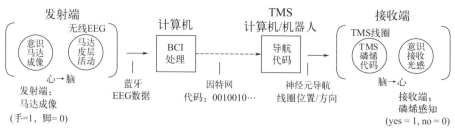

图4.8　基于EEG和TMS的脑－脑接口

该脑机网络允许三个受试者通过直接的脑对脑交流进行协作和解决任务。三个实验对象中的两个被指定为"发送者"，他们的大脑信号被实时EEG数据分析解码。解码过程提取出每个发送方在一个类似俄罗斯方块的游戏中是否旋转方块的决定。

发送者的决定通过互联网传输到第三个被试者的大脑，也就是"接收者"，这个被试者看不见游戏屏幕。通过对枕叶皮层的磁刺激，发送者的决定传递给接收者的大脑。接收器整合了来自两个发送者的信息，并使用脑机接口来决定是旋转块还是将块保持在同一方向。

研究者发现，像传统的社交网络一样，这种脑机网络使人类能够通过与大脑直连的"社交网络"来协作解决问题。

4.3.2　侵入式脑机接口

侵入式脑机接口，主要是通过将信号采集设备植入到大脑内部，来获得更精准的神经元电流信号。侵入式脑机接口由于存在医疗风险，目前主要处于研究阶段。

从医疗健康切入

2016年，马斯克创建了脑机接口公司Neuralink，其早期目标是帮助残疾人群体重获独立生活能力。随着技术的发展，他们希望通过开发新型的脑机接口来治疗众多神经系统疾病，并进一步扩展人与人之间交流及感知周边世界的方式。

而在马斯克创建Neuralink期间，众多脑机接口的创业公司扎堆诞生。国外的IBM、高通、Facebook等公司纷纷加入脑机接口的竞争；国内博睿康、NeuraMatrix（宁矩科技）、脑陆科技等公司也陆续获得了许多著名资本的多轮融资。

侵入式脑机接口在临床上的进展如何？

① Neuralink植入脑机芯片的过程听起来有点恐怖。它需要进行一个开颅手术，取下硬币大小的一块头骨，然后将芯片植入大脑。为了降低手术风险，公司设计了专门的手术机器人，绕开大脑表面附近的血管，用极细的线和微型针进行缝合。虽然Neuralink保证手术的安全性，但是在大脑表面植入这样一个异类，多少会存在一定的健康风险，因此其目标人群也是身体残疾需要外部辅助设备的群体。

Neuralink虽然在技术上领先其他相关公司，但目前主要是在猪、猴子身上试验，人体试验需要等待FDA（美国食品药品管理局）的审核结果，至今尚无法开展真正的临床试验。

②脑机接口初创公司Synchron的方案是通过类似于心脏支架的安装过程，以微创的方式将网状的Stentrode传感器通过血管输送到大脑。到达指定位置后，这种传感器会自动膨胀，紧贴血管壁，从而捕捉大脑产生的电信号，如图4.9所示。

图4.9　Synchron的脑机接口通过血管把传感器布置在大脑的各个角落

与传感器相连的BrainPort接收装置植入病人的胸口，它没有内置电池，而是通过无线的方式进行供电以及数据传输，进一步提升了安全性。通过Synchron研发的BrainOS操作系统，可以将传感器读取到的信号转化为与外界交互的通用信号，从而实现用脑电信号与外界交流沟通的目的。

相比Neuralink的外科手术，Synchron的方案由于以微创的方式植入接口，对人体造成的创伤较小，因此，早在2021年7月，该公司就已获得FDA的批准，开始对其大脑传感器进行人体临床试验。但该技术仍处于开发的早期阶段，试验旨在更多地关注人体对植入物的反应以及大脑信号的清晰程度，并非让人可以使用该设备执行相关功能。

4.3.3　伦理问题

"脑机连接"一旦被应用于现实社会，和基因编辑一样，可能会产生巨大的伦理难题。

　　每一个欲望和目的在大脑中形成的电信号指令都是特殊的，或者产生的电信号集都不一样。脑机连接的工作过程大致如下：当芯片接收到大脑的一组信号时，根据脑科学家长期统计出来的实验数据，芯片就能将它翻译成机器指令，并指导大脑乃至人体完成系列动作。这个过程可以表示为：大脑信号→机器翻译→目的动作。

　　芯片与大脑功能区块之间的电气连接替代神经传导，外接的机器替代了人体。伦理问题也就产生了。

会有哪些伦理问题？

（1）隐私问题

　　芯片接收到的信号组意味着一个或一组欲望，这对于个人来说是极其隐私的想法。在通常的状态中，脑中的想法应该是隐藏的，别人并不知道，最终的决定通过语言和行为表现出来。

　　而芯片却能实时接收并分析、翻译出来大脑的欲望。这意味着我们的隐私将不再隐秘，我们的内心想法很容易被外部仪器记录甚至披露。

（2）脑机责任

　　脑机连接技术将大脑信号直接转化成机器行动。与人类大脑不同的是，芯片不会克制和犹豫，并且脑机芯片可能不会关心一个机器动作的后果，即无法辨别同一大脑信号在不同场景下可能产生的不同后果，因此可能发出错误指令造成冲突甚至犯罪。

　　这种情况到了法庭上，法官该如何判决呢？是发出指令的人，还是芯片或机器制造商来承担罪责？

　　这个困境与自动驾驶汽车造成的车祸，由车主还是车商，甚至汽车的设计或制造者负责类同。

（3）是人还是机器

脑机结合如果进一步发展，机器可能会替代大脑以外所有的人体器官，引发忒修斯之船❶思考。人的大脑皮层靠各种所谓柔软的电路连接上各种机械，千百万年进化而成的自然肉体被废弃不用。机器坏了，另换一个，最后我们到底是人还是机器？

（4）自然属性的消亡

人的感知只是一组电信号，随着人工培养的受精卵取代自然孕育，人造子宫进一步剥离母子关系，婚姻和家庭的意义何在。这种结果将会瓦解人类的自然属性，意味着人类各种情感的消亡，这对人类是福是祸？

（5）电子毒品

如果将各种表达快乐体验的大脑信号编成一个又一个程序，导入芯片。这些芯片通过电信号刺激大脑制造不同的感知体验，会比AR、VR技术更逼真。感到生活不如意的人寻求解脱，从市场或黑市上购买专用芯片就可以体验极致感受。这是一种真正的电子毒品。

可见，脑机接口未来发展可能引发一系列伦理问题，这需要人来发挥智慧，平衡好技术与人的关系。

小结

脑机接口技术目前还主要用于帮助人体恢复残缺的功能，虽然基于脑电图的非侵入式脑机接口具有安全性较高的特点，但仅能实现有限的控制功能。侵入式脑机接口通过建立与大脑的直接连接，理论上具有更好的对外部设备的控制功能，但可能带来健康风险，并产生诸多伦理问题。

---

❶ 忒修斯之船，也称忒修斯悖论，它思索的问题是物体的所有构成要素都被置换，那它还是原来的物体吗。

4.4 区块链

区块链技术可以提供去中心化的结算平台，并通过规则透明和确定性的执行机制，保障记录的价值归属与传递，从而实现经济体系的安全与稳定，解决中心化平台的垄断问题。

区块链技术已经成为虚拟和现实的桥梁，让"虚拟世界"变成了"平行宇宙"。其意义在于保障用户虚拟资产、虚拟身份的安全，实现元宇宙中的价值交换。

4.4.1 构成技术

传统记账系统的弱点是什么？

我们知道，账本上的内容必须是唯一的，这导致传统记账是中心化的行为。然而，中心化的记账却有一些显而易见的弱点：一旦这个中心出现问题，如被篡改、被损坏，整个系统就会面临危机乃至崩溃，如图4.10（a）所示。

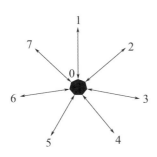

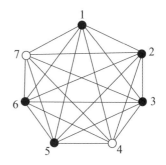

(a) 中心化记账的各节点关系
（假设0节点为中心节点）

(b) 区块链中各节点关系
（假设4、7节点为未使用节点）

图4.10　区块链与中心化记账的节点关系比较

去中心记账可以克服中心化账本的弱点。在数字时代，我们把记账系统中的每一台计算机称为"节点"。去中心化就是没有中心，也就是说参与到这个系统中的每个节点都可以与其他任一节点进行通信，如图4.10（b）所示。

从设计账本系统的角度，去中心记账就是需要每个节点都保存一份完整的账本。然而，由于一致性的要求，各个节点不能同时记账。因为节点所处的环境不同，接收到的信息自然不同，如果同时记账，必然会导致账本的不一致，造成混乱。

区块链系统：竞争记账与虚拟货币

在区块链系统中，每个节点要先获取记账权，有了记账权才能在账本中增加记录。所谓的竞争记账，就是以每个节点的计算能力即"算力"来竞争记账权的一种机制。一定时间内，只有竞争的胜利者才能记账并向其他节点同步新增账本信息。

那么，在一个去中心化的系统中，谁有权判定竞争的结果呢？比特币系统是通过一个称为"工作量证明"（proof of work，POW）的机制完成的。举个简单的例子，比如说要生产一些电子器件，你来生产线上班我给你一些元件，晚上下班，看到需要的器件摆在桌上，虽然我没有从早到晚盯着你操作的过程，我也能确定你确实做了这么多工作。这就是工作量证明的简单原理，即通过采用相同的技术标准就能确认竞争的参与者完成了多少工作量。

那么，区块链系统又是怎样完成货币发行的呢？在中本聪（比特币协议及其相关软件的发明者）的设计里，每轮竞争胜出并完成记账的节点，将可以获得系统给予的一定数量的比特币作为奖励，这个奖励的过程，就是比特币的发行过程，而发行的比特币进一步成为元宇宙经济系统的虚拟货币。

区块链系统的技术支持

从技术角度来讲，区块链技术集成了多种现有技术，包

括以下几个方面。

（1）分布式账本

分布式账本指的是交易记账由分布在不同地方的多个节点共同完成，而且每一个节点记录的都是完整的账目，因此它们都具有参与监督交易的合法性，同时也可以共同作证。

（2）信息加密

在区块链中使用了大量现代信息安全和密码学技术，主要包括哈希算法、对称及非对称加密、数字签名、数字证书等。采用哈希算法保证区块链账本的完整性、防止被篡改；采用对称及非对称加密技术来保证数据通信的安全性。对称加密的加解密密钥相同，一般被用于公钥，具有加解密速度快的特点；而非对称加密的加解密密钥不同，不需要双方共享密钥，被称为私钥。区块链的加密通信是通过对称及非对称加密算法的完美结合来实现的。数字证书和数字签名主要用来验证通信另一端的身份，防止黑客攻击。

（3）共识机制

共识机制就是决定所有记账节点之间怎么达成共识，去认定一个记录的有效性。区块链提出了四种不同的共识机制，即POW工作量证明、POS股权证明、PBFT实用拜占庭容错算法和PAXOS一致性算法。不同机制适用于不同的应用场景，满足效率和安全性之间的平衡。

以比特币为例，其采用的是工作量证明，只有在控制了全网超过51%的记账节点的情况下，才有可能生成一条虚假记录。当加入区块链的节点足够多的时候，这基本上不可能，从而保证了交易的安全性。

（4）智能合约

智能合约允许在没有第三方的情况下进行可信交易，这些交易可追溯但不可逆转。智能合约本质上是以智能化方法执行合同的计算机协议。以保险为例，如果说每个人的信息（包括医疗信息和风险发生信息）都是真实可信的，那就很容易在一些标准化的保险产品中进行自动化理赔，而无需再由人工进行核实，因此可以大幅提高此类交易的效率。

4.4.2 数字货币

区块链技术是一项独特的发明，它可以应用于数字货币。主要的数字货币包括比特币、以太币、莱特币等。

从经济角度看，数字货币的特征主要体现在三个方面：

① 由于来源算法的去中心化性质，数字货币没有发行主体，颠覆了传统经济社会由政府控制货币发行的局面；

② 算法设计决定数字货币的数量，可能重塑传统金融和法律系统；

③ 由于交易需要网络中大量（例如比特币的规则是要求超半数）节点的认可，数字货币的交易过程足够安全。

比特币、莱特币等数字货币属于广义的虚拟货币，它与网络上企业为主体发行的虚拟货币有着本质区别，如表4.1所示。

表4.1　电子货币、虚拟货币与数字货币的特征比较

主要要素	电子货币	虚拟货币	数字货币
发行主体	金融机构	网络运营商	无
使用范围	一般不限	网络企业内部	不限
发行数量	法币决定	发行主体决定	数量一定
储存形式	磁卡或账号	账号	数字
流通方式	双向流通	单向流通	双向流通
货币价值	与法币对等	与法币不对等	与法币不对等
信用保障	政府	企业	网民
交易安全性	较高	较低	较高
交易成本	较高	较低	较低
运行环境	内联网，外联网，读写设备	企业服务器与互联网	开源软件以及 P2P 网络
典型代表	银行卡，公交卡	Q 币，论坛币	比特币，莱特币

数字货币可以认为是一种基于网络节点和数字加密算法的虚拟货币。它有其自身的优势，是对已有货币体系的一个巨大挑战。

数字货币的优势

（1）交易成本低

与传统的银行转账、汇款等方式相比，数字货币交易不需要向第三方支付费用，其交易成本更低，特别是相较于要向支付服务供应商提供高额手续费的跨境支付。

（2）交易速度快

数字货币所采用的区块链技术具有去中心化的特点，不需要任何类似清算中心的中心化机构来处理数据，交易处理更快捷、高效。

（3）智能化匿名交易

除了实物形式的货币能够实现无中介参与的点对点交易外，数字货币相比于其他电子支付方式的优势之一在于支持远程的点对点支付，它不需要任何可信的第三方作为中介，交易双方可以在完全陌生的情况下完成智能交易，因此具有更好的隐私保护能力。

（4）系统安全性更好

交易系统不会由于某个单一节点出问题而垮掉，避免了传统金融机构因中心节点受攻击而拖累全盘的危险，因此具有更好的安全性。

数字货币的应用发展

基于数字货币的上述优势，并结合金融领域国内、外现状，对其可能的应用举例如下。

（1）跨境支付与结算

根据麦肯锡咨询公司的测算，从全球范围看，区块链技术在B2B跨境支付与结算业务中的应用将可使每笔交易成本从约26美元下降到15美元，即区块链应用可以帮助跨境支付与结算业务交易参与方节省约40%的交易成本。

（2）抵押品定价和交易数字化

可以考虑利用数字货币对银行的抵押品进行定价和交易追踪：理论上，通过智能合约的自动实现，将消除抵押品被多次抵押的情况；利用数字货币来发放贷款并构建数字化流程将使银行业精简成本、提高效率，数字化的抵押贷款申请流程可以在云端以自动化的方式建立和处理。

（3）票据金融数字化

未来如果实现票据数字货币化并采用区块链交易，将使票据、资金、理财计划等相关信息更加透明，借助智能合约生成借贷双方不可篡改、公开唯一的电子合同，直接实现点对点的价值交换，不需要特定的实物票据或是中心系统进行控制和验证，能防止一票多卖，及时追踪到资金流向，保障投资者权利，降低监管方成本。

（4）需要注意避开的风险点

以比特币、以太币等为代表的加密货币具有价格波动剧烈、"挖矿"耗费大等风险，数字货币在应用时应注意规避。

4.4.3　物联网

区块链凭借"分布式存储""共识机制"和"数据加密"等特性，对构建安全、可信的物联网提供技术支持。

区块链对物联网将产生哪些影响？

① 降低成本：区块链"去中心化"的特质将降低中心化

架构的高额运维成本；

② 隐私保护：区块链中所有传输的数据都经过加密处理，用户的数据和隐私将更加安全；

③ 身份识别：身份管理和多方共识有助于识别非法节点，及时阻止恶意节点的非法入侵；

④ 追本溯源：数据只要写入区块链就不容篡改，依托链式的结构易于构建来源可溯的电子凭证，便于市场监管；

⑤ 网间协作：区块链的分布式架构和主体对等的特征有助于破解物联网现存的子网信息孤岛难题，以低成本建立互信，促进信息的横向流动和网间协作，并最终建立统一的物联网空间。

区块链赋能的物联网应用

使用区块链技术构建物联网应用平台，可"去中心化"地将各类物联网相关的设备、网关、执行系统、应用及服务等有效连接融合，促进其相互协作，打通各类虚拟世界，降低成本的同时，极大限度地满足信任建立、交易加速、海量连接等需求。

如图4.11所示，"物联网+区块链"具备广泛的应用能力，基于区块链技

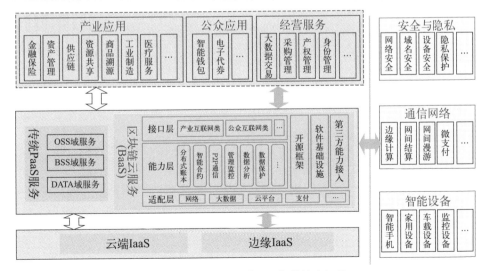

图4.11　基于区块链云服务的核心架构

术的物联网服务，由于其可信的信息来源和信息交换机制，将逐步替代传统的信息资源平台，在金融保险、电子代付、经营管理等各领域大显身手。不仅如此，区块链赋能的信息平台通过与通信基础设施、安全的通信网络及智能终端的连接，最终为用户提供的是一个可信、高效、智能化的应用服务环境。

IaaS：基础架构即服务，Infrastructure as a service。

PaaS：平台即服务，Platform as a service。

BaaS：区块链即服务，Blockchain as a service。

OSS和BSS：运营支持系统和业务支撑系统，是电信运营商的一体化、信息资源共享的支持平台。

4.4.4 远程医疗

华为的一份报告显示：区块链应用的普适性场景随着时间推移而变化，从2016年的金融领域开始，到2018年的物流、政企和新能源领域，再到2019年的运营商、智能制造和车联网，而在2022年之后[1]，普适性最强的领域预计就是医疗行业。

区块链+医疗概述

区块链与医疗保健的结合，特别是电子医疗数据的处理，是当前区块链应用的重要研究热点之一。医疗数据有效共享可提升整体医疗水平，同时降低患者的就医成本。医疗数据共享是敏感话题，是医疗行业应用发展的痛点和关键难题，这主要源于患者对个人敏感信息的隐私保护需求。

应用区块链技术可以对患者个人信息，包括个人身份信息、检查报告、病历信息等进行加密保护，同时得到患者授权的医院可以调阅患者的相关信息用于为患者提供诊疗服务。

---

[1] 本书所载内容截止2022年底。

区块链在医疗领域的一个比较典型的应用是慢性病管理（例如糖尿病、高血压等慢性疾病）。医疗监管机构、医疗机构、第三方服务提供者及患者本人均能够在一个受保护的生态中共享敏感信息，协调落实一体化慢性病干预机制，促进疾病得到有效控制。

区块链+医疗应用案例

（1）MedRec的电子病历系统

MedRec是由麻省理工学院开发的一个基于以太坊（一个开源的有智能合约功能的公共区块链平台）的电子病历系统。该系统可以为用户提供一个新颖的、分散的记录管理系统，使用区块链来保存管理电子病历，如图4.12所示。

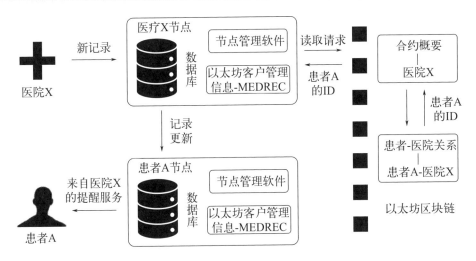

图4.12　基于以太坊区块链的电子病历系统

所有储存在这个系统的日志具有全面且不可更改的特点，包括：

- 用户能够通过系统便捷访问自己的信息；
- 利用独特的区块链属性，以及内含的认证系统、保密系统和问责系统，能够在处理敏感信息时为用户提供值得信任的保密支持；

- 模块化的系统设计使其可以很好地与本地数据库之间建立通信联系，从而实现互操作性，整个系统运行将更为合理与便利。

（2）阿里健康区块链+医联体

2017年8月17日，阿里健康宣布与常州市开展"医联体+区块链"试点项目的合作，将区块链技术应用于常州市医联体底层技术架构体系中，以期解决长期困扰医疗机构的"信息孤岛"和数据隐私安全问题。该方案目前已经在常州武进医院和郑陆镇卫生院实施落地，将逐步推进到常州天宁区医联体内所有三级医院和基层医院，部署完善的医疗信息网络。

"医联体"是以三级医院为核心，结合区域内的二级医院和一些社区卫生服务中心、乡镇卫生院、乡卫生所构成的。阿里健康与常州市合作开展的"医联体+区块链"试点项目很有意义，与MedRec系统类似，病人的个人信息和医疗信息都通过区块链技术进行加密，使患者的隐私信息在存储和传送环节都受到保护；同时，各级医疗机构的从业人员，在经过授权后可迅速了解病人的过往病史和体检信息，消除了"信息孤岛"现象，避免了病人在不同医疗机构就医时产生的重复检查问题，不仅节约了医疗资源，还实现了以病人为中心的高效、便捷的医疗服务。

小结

基于区块链技术的远程医疗，不仅是患者与医生的远程会面，更重要的是解决了医疗数据共享和隐私保护的问题，使患者获得更加快捷、精准治疗的同时得到隐私保护，也为医疗研究机构获取医疗大数据提供了技术保障。

4.5　5G移动通信

移动通信技术延续着十年一代的发展规律，已历经1G、2G、3G、4G的发展。当前，移动网络已融入社会生活的方方面面，深刻改变了人们的交流、沟通乃至整个生活方式。4G网络造就了繁荣的互联网经济，解决了人与人随时随地通信的问题。

5G作为一种新型移动通信网络，不仅要解决人与人通信，为用户提供增强现实、虚拟现实、超高清（3D）视频等更加身临其境的极致体验，更要解决人与物、物与物通信问题，满足移动医疗、车联网、智能家居、工业控制、环境监测等物联网应用需求。

4.5.1 建设成就

21世纪20年代，将是全球5G网络蓬勃发展的十年，根据GSA（全球移动供应商协会）的统计，截至2021年8月，全球共有72个国家/地区的176家运营商推出了符合3GPP❶标准的5G服务。

根据Opensignal在2021年8月至10月对5G下载速率的测试，全球最快的是韩国，达到423.8Mbit/s，挪威名列第二，为355.3Mbit/s。同期数据显示，美国的三大运营商中，T-mobile由于连接了5G中频段（Sub-6 GHz频段）的原因，下载速率最高，达到118.7Mbit/s；AT&T和Verizon仍然使用1GHz以下频谱，测得的速率分别为51.5Mbit/s和56.0Mbit/s。另外，根据SpeedTest对移动互联网的下载速率测试，2022年一季度，中国移动为109.64Mbit/s，中国电信为84.11Mbit/s，中国联通为74.96Mbit/s；刷新的二季度数据分别为113.79Mbit/s、90.59Mbit/s和75.34Mbit/s，体现了中国5G网络的高速发展态势。

---

❶ 3GPP：3rd generation partnership project，第三代合作伙伴计划的英文缩写。该组织成立于1998年12月，其制定的3G和4G技术规范现在都已成为全球通用的标准，5G技术方案的研究制定也正在进行。

5G网络全球发展现状

5G移动通信是构建新一代移动互联网和物联网的基础设施，5G的性能指标、组网形式都已明确，各国需要做的是给运营商分配足够的5G频谱、实现更多的5G覆盖区域，并开发更多的各类5G应用。

（1）中国：用户和基站数量全球领先

中国信息通信研究院在《中国"5G+工业互联网"发展报告》中指出，截至2021年10月底，我国5G基站建设总数超过129万个，已占全球基站总数的70%以上；5G终端用户达到4.5亿，占全球80%以上。相比2020年的数据，中国5G基础设施和用户数全面增长，遥遥领先于世界其他国家。

（2）美国：重视毫米波5G布局

美国运营商通常使用Sub-6GHz频段为5G终端用户提供基础服务，毫米波网络主要在人流密集的区域为流量扩容。但美国已十分重视布局毫米波5G，相比4G或Sub-6GHz 5G，毫米波网络能够支持更多的移动数据流量，为繁忙区域的网络用户提供更好的上网体验，还能使用户更快地完成同样的下载任务。对运营商而言，布局毫米波5G将有利于他们在竞争中占据有利位置，当然资金也是必须考虑的重要因素。

（3）日本：进入5G发展的早期

根据Opensignal在2021年的统计数据，日本还处在5G时代的早期，主要的运营商包括NTT DoCoMo、SoftBank、Rakuten和au。其中三家运营商在2020年的3月启动了5G，而Rakuten在2020年的9月底启动。运营商们一直努力扩展他们的5G网络，期望能够覆盖日本全境，并在2021年加快了步伐。

日本的运营商们已经为5G布设了新的频谱，5G带给用户的体验已经超越了老式的4G技术。据说日本通信省将在下一年把TV的频谱释放给5G，从而使5G有更多的可用频谱。

（4）韩国：领跑全球5G市场

韩国可以说是全球5G市场的领跑者，它不仅有很高的5G用户普及率，还有非常好的5G体验。韩国的运营商主要是KT、LG U+和SK telecom，根据Opensignal的统计数据，截至2021年9月，三家运营商的财务数据表明，在5100万人口中5G用户总计达到1840万。根据2021年11月的数据，韩国在5G的下载速度、游戏体验、语音App使用和接入的方便程度方面都处于全球领先地位。

（5）欧洲各国：初步开展商用

欧洲运营商众多，且都重视5G投资，但据统计，截至2020年10月末，全欧洲范围5G基站总数约5万，且多数使用1GHz以下频率，中频（Sub-6GHz）的使用范围有限，这在德国、法国和意大利都有体现。欧洲各国运营商用于5G牌照的拍卖费用也差异明显，根据Statista的数据，英国运营商在这上面的花费就明显低于意大利，而且欧洲5G投资的总和要低于美国。

法国于2020年开启了5G技术应用。法国运营商众多，但在提供5G服务方面还处在初期扩展阶段。Free Mobile建设了不少5G站点，主要使用1G以下的低频带，在取得5G覆盖的同时缺少理想的网络速度。比较而言，Orange布设的大多数站点支持5G的中频段（Sub-6 GHz频段），因此实现了较高的网络容量和更快的网络速度。在未来的几年里，法国政府希望用5G来改变移动互联网的体验。

在德国，消费者更注重商务体验。Telekom和Vodafone在多人视频电话的服务中表现最好，Telekom的服务在商务楼宇的下载速度上是最快的，Vodafone提供的商务楼宇语音App体验最佳。

在英国，5G网络应用还处于新生阶段，5G终端用户只在不足10%的时间里接入5G，并且平均只有在不到1/4的场景里用户能够访问5G。

在丹麦，2021年4月完成了新的一批频谱拍卖。此前，频谱的可获得性曾经制约了5G在丹麦的发展，欧洲的主要运营商在丹麦启动5G服务的时间，比在德国和英国晚了一年。作为此次拍卖的一部分，丹麦运营商最终获得了对关键5G中频段的使用许可，TDC、3 Denmark和Telia-Telenor分别获得了1GHz以下低频段的使用许可。不过，丹麦虽然在颁发5G中、低频段使用许可的表现中动作缓慢，但早就颁发了5G毫米波频段的许可，并成为在欧盟成员国中第四个颁发这一许可的国家。迄今为止，5G毫米波还主要部署在美国，特点是能够提供极致的访问速度和很高的网络容量，但触达比例明显低于5G低频段。

小结

5G是未来的发展方向，这已经是全球共识。在各国5G发展政策的引领下，在服务需求的推动下，全球5G网络基础设施将得到进一步建设，覆盖范围不断扩大，5G应用也将更好地为社会生产和生活服务。

4.5.2　九大应用领域

从2013年2月，欧盟宣布将拨款5000万欧元，加快5G移动技术的发展，到21世纪的第二个十年，5G从技术到应用取得了举世瞩目的建设成就，应用领域开始拓宽到社会生活的各个方面。

5G有哪些应用领域呢？

（1）工业领域

5G在工业领域丰富的融合应用场景将为工业体系变革带来极大潜力，能使工业智能化、绿色化发展。德勤在其《工业元宇宙在能源及汽车行业应用示例》中把工业元宇宙的应用场景按工业产品的生命周期来划分，展示了各种元宇宙技术如何为各种工业场景带来价值提升。

如图4.13所示，其中的"元宇宙具体技术模式"无一不是在移动互联网的支撑下实现的。特别是5G的应用对下面这些场景的支撑作用尤为关键，这些场景包括：AR/VR研发–实验协同、AR/VR远程协同设计、远程控制、AR辅助装配、机器视觉、AGV❶物流、远程售后、产品状态监测、设备预测性维护、AR/VR远程培训等。

图4.13 工业元宇宙应用与元宇宙技术的关系

5G+智能化生产依托5G网络的低时延特性可实现远程实时运控机械设备，在提高生产效率的同时还节约了人工成本。而借助5G+AR眼镜，专家可在后台对回传的AR图像进行文字、图片等多种形式的标注，实现对现场工作人员的远程实时指导。

---

❶ AGV：automated guided vehicle 的英文缩写，即自动导引运输车。是装备有电磁或光学等自动导引装置，能够沿预先设定的路径行驶；在控制系统的指挥下能够自动地完成货物的取、放以及水平运行的全过程，并具有安全保护的功能。

（2）车联网与自动驾驶

如图4.14所示，5G网络的大带宽、低时延等特性助力汽车、交通应用服务的智能化升级。

图4.14　城市道路上的自动驾驶及车联网概念

5G能够提供低于10ms的传输延迟，实现即时的信息交换，是车内做出安全决定并对不断变化的路况做出及时反应的关键技术。例如基于5G的车联网可支持实现车载VR视频通话、沉浸式导航等实时业务。基于5G搭建的车联网C-V2X❶（包含直连通信和5G网络通信），将可以使车辆与其他车辆、高速道路、交通灯，甚至是城市，通过基于增强IoT连接的设备进行"交谈"。5G提供的"大连接"和即时的信息交换功能将使道路和车辆成为一个"整体"，为乘客提供一个安全的自动驾驶旅程。

---

❶ C-V2X：cellular-vehicle to everything，基于蜂窝网络的V2X技术。是基于3G/4G/5G等蜂窝网通信技术演进形成的车用无线通信技术。

（3）制造业

通过在工厂布局5G节点，企业可以改变当前制造环境中的工艺完成方式。例如：5G能够即时自动调整、接收及发送指令；大连接将极大改善供应链，从源头到物流，其中的每一步都会受到监控和优化，从而精简传统供应链的处理步骤。

工业上，机器人正在危险的工作领域全方位替代人类。随着工业领域产生更多的数据节点，5G在数据的管理、分析和执行方面将扮演重要角色。这些都将成为工业4.0的重要组成部分。

（4）教育领域

5G在教育领域的应用主要围绕智慧课堂及智慧校园两方面开展。

随着5G解锁VR的潜力，来自世界各地的学生可以通过加入虚拟课堂来进行实时互动。VR还可以用于体验回到恐龙时代、访问火山、观察人体内的器官等，因此可能实现教育领域的革命性变革。

通过IoT的大连接还将有效改善学校和课堂的运行效率。例如虚拟助手将能够检查学生注册、收作业并批改考卷。

（5）医疗领域

5G在医疗领域有很多应用，从智慧穿戴、可植入式传感器到对病人的远程监测，医疗网络正在形成智慧医疗的基础网络架构。例如5G+应急救护等应用，在急救人员、救护车、应急指挥中心、医院之间快速构建5G应急救助网络。基于5G的大带宽、低延时等特性，可将救护车内的病患体征数据、影像检查结果等无损、实时地传输到目的医院，为院前急救及院内医生提前了解患者病情提供了有效保障。

（6）文旅领域

5G+智慧文旅应用场景可以实现包括景区管理、游客服务、文博展览、线上演播等环节。例如：5G+智慧文博可支持文物全息展示、5G+VR文物修复可实现远程指导、沉浸式教学等应用；5G+沉浸式直播通过融合4K/8K高清视频、VR/AR等技术，实现文娱演出线上线下同步的观看体验。

（7）智慧城市建设

在城市治理方面，结合人工智能技术，5G+超高清视频监控可实现对人脸、行为、特殊物品、车辆等的精确识别，有效应对潜在的危险因素；5G结合无人机、无人车、机器人等智能终端，可实现城市全方位智能巡检，有效降低人工成本、提高巡检效率；5G+VR/AR可为应急指挥中心的管理人员提供直观、实时的现场情况，协助管理者制定科学的应急处理方案。

（8）信息消费领域

虚拟现实技术为游戏带来了沉浸式的体验，而5G的发展还将为人们带来跨越洲际大陆的娱乐体验。例如，根据福布斯数据，有3.25亿的曼联球迷在亚洲，而通过5G技术，这些球迷能够在家里观看曼联的比赛，效果就跟他们到现场是一样的。

把5G赋能的虚拟现实技术带进职场将为互联网通信带来革命性变化。对分支机构遍布全球的跨国企业而言，由5G加持的VR将可以把海外的同事聚集到同一间虚拟会议室，从而实现广泛的分工与合作。

5G+智慧商业通过VR/AR实现导购及互动营销，这些应用已开始在部分商圈及购物中心出现。

（9）金融领域

5G可为金融业带来诸多变革，可实现全程机器人客服、远程业务办理等。目前，已经有国内银行推出了虚拟数字员工，可实现交易场景的自助应答、业务办理，甚至是品牌代言等服务。

小结

尽管5G与4G相比，能够提供更好的服务质量，但还不能实现完全自动化及智能化的网络，从而提供EaaS（everything as a service，万物皆服务）及完全的沉浸体验。

所以，人们期望6G在2030年代能够基于经济、社会、技术和环境的预期，完整地满足所有苛刻的网络需求，包括超高可靠性、容量和低时延等。

4.6 元宇宙产业生态

元宇宙的应用场景从休闲娱乐、游戏社交起步，进而拓展到ToC、ToB和ToG（即面向个人、企业和政府）领域。面向个人的如教育培训、远程办公等；面向企业的如金融、医疗等；面向政府的如环境治理、政务管理等。

与之相关的产业生态是支持元宇宙发展的核心技术（如区块链、人工智能、云服务）、中间软件（如操作系统、引擎）和底层硬件（如感知交互设备、芯片算力）。

4.6.1 内容生态

元宇宙是跟我们所处的真实宇宙对应的虚拟空间，当我们搭建起这个虚拟空间，我们需要让我们的虚拟角色在里面进行社会活动，就像在真实的物理世界一样。具体来说，这些活动包括生产、生活、教育、娱乐等。

什么是内容生成？

① UGC（用户生成内容）是由网络终端用户产生并分享的数字内容，这些内容可以包括文字、音频、图形图像或视频等。他们在社交媒体或在线网站上展示这些内容，而这些内容的来源可能是社会新闻、娱乐活动、生活经验、聊天记录等。如图4.15所示，是玩家在游戏中生成的场景。

图4.15 用户在"第二人生"游戏中生成的场景

② PGC（专业生成内容）是由一个品牌自身产生的内容，目的是让更多的人了解这个品牌，提供的形式包括但不限于图形图像、视频、博客等。

有哪些内容生成品牌？

目前，国内外的内容生成品牌已经很丰富了。国外的知名品牌包括ROBLOX、FORTNITE、Meta、SECOND LIFE等；国内品牌例如中文在线、小红书、字节跳动等。

4.6.2 虚拟数字人

虚拟数字人是用数字技术打造的虚拟人物，与具备实体的机器人不同，虚拟数字人依赖智能设备而存在，例如需要手机、电脑或电视等作为载体。

人格象征和图形维度是虚拟数字人常见的分类依据。根据人格象征，虚拟数字人可分为虚拟IP和虚拟世界第二分身；根据人物图形维度，虚拟数字人可分为2D和3D两大类。

什么是虚拟IP？

虚拟IP指的是现实世界中并不存在对应的真人，人为设定外貌特征、基本人设、各类偏好、背景信息等。新世代人类对虚拟化内容的向往、使用真人IP的潜在风险、品牌对定制化代言人的迫切需求等都将成为虚拟IP发展的推动力，目前其主要发展空间在文娱领域。

根据人物图形维度分为2D和3D两大类，从外形上可分为卡通、写实等风格，综合来看可分为二次元、3D卡通、3D超写实、真人形象四种类型。各类IP的特征如下所述。

（1）二次元

在平面空间呈现，只能以单个视角浏览。如图4.16所示。

图4.16　背着书包的帅气学长

（2）3D卡通

是三维立体模型，可呈现在立体空间，能够以任意视角去浏览，如图4.17所示。

图4.17　四人立体卡通形象组合

（3）3D超写实

与真实的人类极为接近，或者在真人基础上有一定程度的卡通化。例如，虚拟偶像AYAYI、在清华大学读书的虚拟大学生华智冰。

AYAYI是燃麦科技推出的Meta human产品，是用Unreal引擎制造的虚拟形象。有人说"她"身上带有超越虚实界限之美，其粉丝中有70%的人群是17～23岁的年轻人。

华智冰是清华大学计算机系知识工程实验室的一名特殊新生——中国首个原创虚拟学生。与一般的虚拟IP不同，华智冰不仅有真人的样貌，而且有自己的AI模型，拥有不断学习的能力，随着时间的推移，"她"能把在周围场景中习得的新能力融入自己的模型中，从而变得越来越聪明。

（4）真人形象

这类形象来源于真人，通过语音合成、唇形合成、表情合成以及深度学习等技术，制作出具备和真人主播一样播报能力的"AI合成主播"。例如，新华社AI合成主播新小浩等（表4.2）。

表4.2　国内虚拟数字人名单举例

序号	推出时间	名称	应用场景	推出方
1	2021年11月	小天、小志等5款数智人	面向文旅导览、金融客服、多语种主播等场景阵列	腾讯
2	2021年11月	冬奥会手语数字人	在央视新闻中担任手语播报员	百度、央视
3	2021年11月	VIVI子涵	电商带货虚拟主播	京东、齐乐无穷
4	2021年10月	柳夜熙	网红AI美妆博主	创壹科技
5	2021年10月	小布虚拟人	家具助手、联结AIoT设备	OPPO
6	2021年10月	小漾	湖南卫视数字主持人	湖南卫视
7	2021年9月	冬奥手语播报数字人	冬奥会期间做手语播报	智谱AI、智源研究院、凌云光、北京光电
8	2021年9月	云笙	入职华为云，可进行聊天对话、技术宣讲	华为
9	2021年8月	俊俊	百度代言人龚俊的虚拟数字人	百度
10	2021年6月	华智冰	入学清华计算机系，持续学习、演化	智源研究院、智谱AI、小冰公司
11	2021年6月	小诤	专门面向航天主题和场景研发的数字记者	腾讯、新华社
12	2021年4月	小雅	在金融应用中问答对话	追一科技
13	2021年3月	小C	央视网数字虚拟小编、播报、采访	百度、央视
14	2021年2月	爱加	AI百年、两会期间播报和答疑等	科大讯飞

什么是虚拟世界第二分身？

虚拟世界第二分身主要面向的是未来的虚拟世界，以为每个人创造自己的虚拟化分身为最终目的。创设目标是满足个人对虚拟身份的需求，为社交、娱乐、元宇宙设计脱离于现实世界的第二分身。如图4.18是可能的虚拟形象。

图4.18　虚拟形象

4.6.3　感知交互

交互技术为元宇宙提供了沉浸式虚拟现实体验基础。下面从VR、AR、MR、全息影像技术、脑机交互技术、传感技术几个方面来介绍。

（1）VR虚拟现实技术

VR是一种身临其境的体验，通过戴上头显，看到数字世界并在其中进行

META VERSE 元宇宙简史

操作。VR目前使用完整的头显而不是眼镜，让用户沉浸在360°虚拟世界中，他们可以在其中四处走动——只要他们不撞到物理墙壁。

（2）AR增强现实技术

AR是投射在现实世界中的数字叠加信息。想想Niantic的口袋妖怪、Snapchat的跳舞热狗，甚至像谷歌眼镜这样的可穿戴设备。如图4.19所示，人们可以利用家具AR软件在装修时观察家具的摆放效果。

图4.19　年轻夫妇通过平板电脑和内部AR软件挑选家具

未来的AR设备可以深入人们的生活，虽然谷歌眼镜（Google Project Glass）因应用场景、设备成本、隐私安全等问题已经停止生产，但我们很快就会通过像脸书的Ray-Ban Stories Smart Glasses或Snapchat的Spectacles Scan这样的AR连接眼镜进行观察。

（3）MR混合现实技术

混合现实技术（MR）是虚拟现实技术的进一步发展，该技术通过在虚拟环境中引入现实场景信息，在虚拟世界、现实世界和用户之间搭起一个交互反馈的信息回路，以增强用户体验的真实感。

混合现实（MR）的实现需要在一个能与现实世界各事物相互交互的环境中。如果一切事物都是虚拟的那就是VR的领域了。如果展现出来的虚拟信息只能简单叠加在现实事物上，那就是AR。MR的关键点就是与现实世界进行交互和信息的及时获取。如图4.20，维护和检查机器人的工作不仅要获得机器的状态信息，还要根据实际情况向机器人发出维护指令。

图4.20　工程师用MR技术维护和检查机器人的工作

（4）全息影像技术

全息影像技术一般也被称作虚拟成像技术或是全息成像，其成像原理是利用物理学中的干涉和衍射原理来记录并再现物体真实的三维图像。所谓的"全息"即"全部信息"，是指用激光记录并且再现被拍物体发出的全部光信息，如图4.21所示。

（a）花瓣　　　　　　（b）工程师用概念车的全息投影模型进行新车设计

图4.21　全息影像技术

全息影像技术不仅可以产生"裸眼"3D，还可以使立体空间中的影像与表演者产生互动，一起完成表演，由此可以打造全息影像舞台。它营造了一个幻想世界，用"虚拟场景+真人"或者"真实场景+虚拟人"的模式，带领观众进入虚拟与现实融合的双重空间。

（5）脑机交互技术

脑机交互也称脑机接口（BCI），4.3节已进行专门介绍。

它诞生于医学领域，脑机交互通过采集人脑电波（非侵入式）或在人脑中植入微小的电极芯片（侵入式）的方式实现对虚拟场景的操作，能产生更好的体验感，但面临安全性和伦理性等诸多问题。

（6）传感技术

传感技术，简单地说就是利用传感器通过检测物理、化学或生物性参数来获取信息，并将其转化为可读信号的技术。传感器范围广泛，种类也很多，但是基本上传感器是一种能够自动检测被测对象的特征量，并把这个特征量转化为可读信号在仪器上显示的元器件。它相当于仪器设备的电子感官，对构造物联网的意义重大。

小结

从发展进度上来看，VR、AR和MR的发展关系密切，但与全息影像、脑机接口及传感技术的发展关系相对松散。未来，还需要各类要素的协同发展及技术水平的跟进来打造虚实结合的元宇宙入口。

4.6.4 经济活动

与元宇宙相关的经济活动将围绕数字产品展开。那么，什么是"数字产品"呢？我们来看一下经济学者从不同角度给出的定义：美国著名经济学家夏皮罗和范里安在《信息规则：网络经济的策略指导》一书中认为，数字产品（digital products）就是编成一段字节、包含数字化格式、可编码为二进制流的交换物。这个定义似乎有些抽象，Son-Yong Choi（《电子商务经济学》的作者）的定义更具体一些，他认为通过互联网收发的任何东西都可成为数字产品，同时一些没有对应实物形式的产品或服务以知识或过程的形式存在也可成为数字产品。而谢康认为，数字产品一定是信息产品和数字化产品，数字化产品与信息产品的交集构成数字产品。

这还是有些抽象，我们再来看一下数字产品的分类。参考Son-Yong Choi的观点，数字产品可以分为三类：第一类是信息和娱乐领域产品，如电子邮件和传真、图像图形、音频产品和视频产品等；第二类数字产品是象征、符号和概念，如数字藏品、加密货币、金融服务App等；第三类数字产品是过程和服务，如航班、音乐会、体育赛事的订票过程，政府服务，电子消费，远程教育等。

在上述数字产品中，我们着重考虑第二、第三类，因为这些数字产品更能体现元宇宙的相关概念，因此也更能反映元宇宙经济的发展。

元宇宙经济活动有哪些新进展？

目前，国内外与元宇宙概念相关的经济活动已经取得一定进展，主要体现在以下四个方面。

① 线上支付：不同于传统的线下交易，线上支付App/平台不但允许线上购买实物产品，还可以购买电子礼品卡，并实现售卖商品线上收款。这类应用包括Paypal、Alipay等；

② 加密货币交易：如比特币的交易平台，但这类应用由于监管要求，目前仅在国外存在，例如Metamask；

③ 数字资产交易：数字资产例如游戏皮肤、数字藏品等，其交易平台包括国外的DMarket、OpenSea，国内的视觉中国旗下VCG.COM等；

④ NFT/区块链服务：基于区块链技术产生NFT的应用，并作为数字资产进行交易的平台。目前这类应用还处于发展的初期，例如国外的Reality Gaming Group。

小结

元宇宙经济需要数字创造和数字交易，区块链有可能成为元宇宙经济的技术基础。从元宇宙经济的目前发展来看，数字交易相对活跃，数字创造（这里指基于区块链技术的创造）还需要进一步发展。

4.6.5　操作系统

在计算机中，操作系统是其最基本也是最为重要的基础性系统软件，是管理计算机硬件与软件资源的计算机程序。

纵观计算机的发展史，操作系统与计算机硬件的发展息息相关。在元宇宙的发展中，操作系统作为元宇宙的软件基础，它们搭建了元宇宙与其硬件基础设施之间的桥梁，特别是对AR硬件的支持，成为当下各路巨头竞逐元宇宙赛道的秘密武器。

操作系统的发展

进入20世纪80年代，大规模集成电路工艺的飞速发展，高性能微处理器的出现和迭代，掀起了计算机大发展大普及的浪潮。一方面迎来了个人计算机的时代，同时又向计算机网络、分布式处理、巨型计算机和智能化方向发展。于是，操作系统有了进一步的发展，如个人计算机操作系统、网络操作系统、分布式操作系统等。

如果把元宇宙比作一颗行星，那么在这颗行星系统形成的阶段，各种操作系统如同卫星或适应元宇宙而生存下来，或被其排斥而远离。

随着元宇宙相关硬件的商业化，例如VR头显、AR眼镜、可穿戴装备等，其对智能设备的操作系统提出了新的要求。其中，增强现实设备对传统操作系统的冲击最显著，也因此诞生了支持增强现实功能的操作系统。

有哪些知名的操作系统？

（1）苹果公司开发的移动操作系统

iOS是苹果公司最早于2007年1月9日的Macworld大会上公布的系统，最初是设计给iPhone使用的，后来陆续套用到iPod touch、iPad上，主要提供移动设备所需的网络连接、云服务、掌上办公和娱乐等管理功能。

AR或成为苹果的下一"撒手锏"，苹果的iOS和iPadOS系统内置了增强现实支持功能。不仅如此，据科技媒体报道，苹果已经注册了一款名为realityOS的操作系统，即将在苹果AR/VR设备搭载。如果真是这样，那么苹果就不仅具有了自己的AR/VR设备，而且连软件都可以自行开发了。

（2）华为新一代智能操作系统

HarmonyOS是一款面向万物互联时代、全新的分布式操作系统，是真正的智能终端，如图4.22所示。人们可以使用基于这个操作系统的各类设备提供的服务，并且这些服务可以通过云端保持数据的一致性，方便随时随地访问。

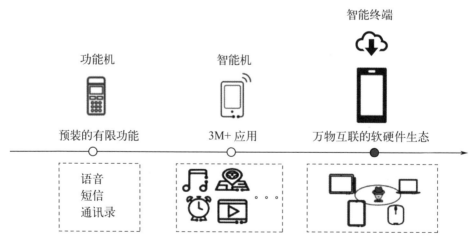

图4.22　华为HarmonyOS智能操作系统

2018年，华为推出了基于Android的AR Engine开发者工具，包含AR Engine服务、AR Cloud服务和XRKit服务。在笔者写作时，其AR Engine的安装量已达到11亿次，覆盖机型106款，已接入应用超2000款。读者朋友，有没有使用过华为的AR服务呢？

（3）谷歌增加AR投入

2017年，谷歌推出了操作系统开发者工具ARCore，对标苹果同年推出的ARKit。据Google I/O 2021，目前全球已有超过10亿部ARCore认证的设备，开发者可以在安卓上直接开发AR应用或使用Unity引擎和WebXR标准。

谷歌在AR眼镜Google Glass"败走麦城"以后，明显在软件系统的研发上增加了投入。

（4）Linux操作系统

Linux，全称GNU[1]/Linux，是一种免费使用和自由传播的类UNIX操作系统，是一个基于POSIX[2]的多用户、多任务、支持多线程和多CPU的操作系统。用户层面，Linux具有开放源码、没有版权、技术社区用户多等特点，深受用户欢迎。由于用户可以自由裁剪，具有灵活性高、功能强大、成本低的优势。

鉴于Linux的上述优点，该操作系统深受我国企业欢迎。例如钢铁侠科技通过在其双足仿人机器人Art-2上使用Linux操作系统，成功为机器人搭载了"运动大脑"，节约了研制成本。

4.6.6 引擎

引擎是发动机的核心部分，可以说早期元宇宙的引擎是科幻小说和电影，随着元宇宙的发展，游戏最先成为最能呈现其特征的虚拟载体。后来NVIDIA创造了用于实现3D仿真和设计协作的Omniverse开发平台，进一步推广了

---

[1] GNU计划：是由Richard Stallman在1983年9月27日公开发起的。它的目标是创建一套完全自由的操作系统。

[2] POSIX：全称为portable OS interface of UNIX，指UNIX的可移植操作系统接口。

元宇宙概念；2017年，苹果发布ARKit平台，供使用苹果操作系统的AR开发者使用；2021年，华为推出全新智能车载光产品AR-HUD（augmented reality head up display，增强现实抬头显示），用于把道路信息与行驶信息叠加展示，是为车联网应用开发的AR产品。

哪些引擎对元宇宙发展起到推动作用？

（1）游戏引擎

我们在第3章介绍过游戏引擎，它相当于一个工具箱，用于提升游戏开发效率，可以管理游戏的画面表现和交互逻辑。世界知名的游戏引擎包括EPIC公司的unreal系列、unity系列，及部分游戏公司自研引擎，如EA❶的寒霜，网易的NeoX、Messiah，腾讯的Quicksilver，等等。

通过游戏引擎（game engine）的多种功能，能够把对现实世界的实测数据逼真地反映到虚拟世界，并构建虚拟世界的运行规则。同时，游戏引擎也因其在游戏设计上的便利性而方便使用者进行各类数字场景的创作，成为最早呈现元宇宙特征的载体。

（2）3D仿真和设计协作平台

典型代表是NVIDIA推出的Omniverse平台。下面是基于Omniverse的应用案例。

● NVIDIA DRIVE Sim

NVIDIA DRIVE Sim是一个仿真平台，专为自动驾驶汽车的端到端仿真而设计。DRIVE Sim的架构设计基于Omniverse平台，能够在丰富的3D环境中实时运行大规模、物理属性准确的多传感器仿真。仿真可用于验证自动驾驶

---

❶ EA：Electronic Arts，美国的艺电公司，是全球著名的娱乐软件公司。

函数，或使用专为DRIVE Sim构建的Omniverse Replicator生成合成数据，用于训练AI感知网络。Omniverse的原生可扩展性还意味着DRIVE Sim对来自其他行业生态系统的合作伙伴开放定制。

- NVIDIA Isaac Sim

NVIDIA Isaac Sim是一款可扩展的机器人仿真应用和合成数据生成工具，可提供逼真、物理属性准确的虚拟环境，以便开发、测试和管理基于AI的机器人。完全基于Omniverse构建的机器人应用可以进行定制，以支持新的传感器、不同机器人框架的桥接等。合成数据生成功能建立在NVIDIA Isaac Sim Replicator引擎上，可生成用于训练机器人的合成数据。

（3）开发AR应用的工具集

ARKit是苹果在2017年WWDC（world-wide developers conference）推出的AR开发平台。开发人员可以使用这套工具为iPhone和iPad创建增强现实应用程序，例如：

- AR测量，可使用手机在AR场景下实现测量。
- AR多人互动功能，使用AR玩乐高游戏，除了积木本身，还能探索乐高积木世界中的故事，甚至乐高小人都是动态的。
- AR的功能还可以应用在新闻场景中，比如可以在网页中实现图片的AR显示。

（4）车载AR显示

在德国慕尼黑的国际汽车及智慧出行博览会上（IAA MOBILITY 2021），华为展出最新AR-HUD（augmented reality head up display）增强现实抬头显示方案，如图4.23所示。将前挡风玻璃化身为集安全性、娱乐性于一体的智能信息显示屏，为智慧出行提供新动力。

图4.23　华为智能车载系统

小结

随着元宇宙的发展，越来越多科幻电影中的场景将变为现实。如图4.24所示是对未来元宇宙应用的畅想。

图4.24　用pad通过抽象的未来主义屏幕与客户交流

　META VERSE 元宇宙简史

4.6.7　算力

元宇宙中有大量的程序需要计算，构成元宇宙的云计算、数字孪生❶、人工智能技术都离不开算力的支撑。

云计算加强算力

第3章对云计算技术作了专门的介绍。通过这项技术，可以利用分布式计算在很短的时间内（比如几秒钟）完成对巨量数据信息的处理（仅通过本地计算却可能花费几小时甚至几天的时间），从而达到强大的网络服务效力。

- 许多科技公司也都积极布局相关设施。例如Unity最新推出了"Unity云端分布式算力方案"。根据Unity官方的说法，该方案可以节省高达70%以上的运算时间。在提高整体运算效率的同时，也降低了对本地计算资源的损耗，大大节省了成本。

- 根据亚马逊AWS的官网显示，亚马逊云科技为240多个国家或地区的数百万客户提供服务。亚马逊云科技云基础设施围绕亚马逊云科技区域和可用区构建。亚马逊云科技区域是指全球范围内的某个物理位置，每个区域由多个可用区组成。可用区由一个或多个分散的数据中心组成，每个都拥有独立的配套设施，包括冗余电源、联网和连接。可用区能够提高生产应用程序和数据库的运行效率，使其具备比单个数据中心更强的可用性、容错能力以及可扩展性。亚马逊云科技云在全球25个地理区域内运营着80个可用区，以此提供满足客户全球需求的基础设施。

---

❶ 数字孪生：digital twin是指在虚拟空间存在的与物理实体完全一致的数字模型，通过传感技术保证信息参数的实时更新，用于对物理实体进行仿真分析和优化。

- 通过阿里云的官网介绍，阿里云主要从四个方面来提供云计算基础设施：全方位构建、全角度仿真、虚实融合以及虚实联动。
- 如今，"东数西算"工程正式全面启动，国家算力网络体系构建按下"加速键"。2020年，随着新基建浪潮的来临，阿里云、腾讯云和百度智能云先后宣布，数据中心建设将成为其重点投资领域。

英伟达，算力的霸主

- 英伟达（NVIDIA）的Omniverse Avatar平台，就是强大算力的最好说明。该平台为创建几乎可以部署在任何行业的虚拟助手打开了大门。英伟达设想该技术可以帮助进行广泛的客户服务交互，例如餐厅预约、银行交易等。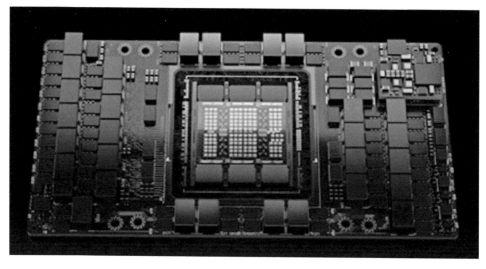
- 英伟达因其GPU芯片而为人熟知。当地时间2022年3月22日，芯片巨头英伟达在GTC技术大会上宣布了一款全新架构的GPU芯片，英伟达称这种新技术芯片可以大幅提升人工智能算法的计算速度，未来有望成为人工智能基础设施的核心。如图4.25所示。

图4.25　NVIDIA H100 Tensor Core GPU

META VERSE 元宇宙简史

- 英伟达还宣布了其新的超级计算机EOS，该系统预计在2022年晚些时候开始运行，届时有望成为世界上最快的人工智能系统。英伟达表示，这些新技术将有助于将一些涉及训练AI模型工作的计算时间从几周缩短到几天。

谷歌推出新一代人工智能芯片

2021年5月，谷歌推出新一代人工智能ASIC芯片TPUv4，运算效能是上一代产品的2倍以上，如图4.26所示。尤其值得注意的是，由4096个TPUv4单芯片组成的POD❶运算集群，可释放高达1EFLOPS（10^{18}次浮点运算每秒）的算力，超过了当时全球运算速度最快的超级计算机。当时，TPUv4已应用于谷歌数据中心，预计当年年底之前向谷歌云用户开放。

图4.26　谷歌新一代人工智能芯片TPUv4

---

❶ POD：point of delivery，交付点。是数据中心的基本部署单元。

为元宇宙设计芯片的 AMD

另一个芯片巨头 AMD 近期也开始为元宇宙开拓服务。2021 年 11 月 9 日，AMD 宣布 Meta 成为其业务伙伴。Meta 在 10 月 28 日宣布未来主攻元宇宙之后，对于算力有着很大的需求。

2021 年 12 月，AMD 发布了第二代数据中心 Instinct MI200 系列 GPU 加速卡。此 GPU 在进行人工智能或机器学习等需要巨大算力的工作时，能有效提升计算效率。

算力对互联网的推动作用

根据有关机构的预测，到 2025 年，全球网络连接数将达到千亿量级，全球年新增数据量将达到 1800 亿 TB❶。在这个背景下，代表用户理念创新的 Web3.0 将更能够满足网民对数字创造的价值体现需求和实现价值均衡分配的愿望。一方面，Web3.0 是以元宇宙为目标建设的网络，因此需要强大的算力支持。另一方面，只有当算力的增长满足元宇宙的要求，这样的网络才能建设成功。

小结

那么当前的算力在元宇宙背景下是否够用了呢？

清华大学新闻与传播学院教授沈阳这样说，"要打造一个比较好的元宇宙，CPU、GPU 和集成电路方面算力要比现在至少提升 1000 倍，按照摩尔定律，大概还要十多年时间"。我们在第 3 章曾经介绍了当今最快的超算"前沿"的算力是 1.1EFLOPS，而 AR/VR 设备及区块链需要的算力都是这个速率的几千倍，AI 则更需要一万倍以上的速率，所以大概 2030 年以后我们才可能在算力上大致满足元宇宙的要求。

---

❶ 1TB：即 10^{12} 字节。

参考文献

[1] 钛媒体编辑|梁缘. 一文解析元宇宙的发展现状|钛度图闻[EB/OL]. (2022-01-03)[2022-06-25]. https://mp.weixin.qq.com/s/XAZ1tlSNQPftibjh7xgXdA.

[2] 腾讯网. 元宇宙的三大发展阶段[EB/OL]. [2022-06-25]. https://new.qq.com/rain/a/ 20220104A09SQV00.

[3] 百度百科. 人工智能[DB/OL]. [2022-06-25]. https://baike.baidu.com/item/人工智能/9180.

[4] 阿尔法围棋[DB/OL]. [2022-06-25]. https://baike.sogou.com/v128716412.htm?fromTitle=阿尔法围棋.

[5] 百度百科. 自然语言处理[DB/OL]. [2022-12-05]. https://baike.baidu.com/item/自然语言处理/365730.

[6] 自然语言处理[DB/OL]. [2022-12-05]. https://zh.wikipedia.org/zh-cn/自然语言处理.

[7] 王飞, 陈立, 易绵竹, 等. 新技术驱动的自然语言处理进展[J]. 武汉大学学报(工学版), 2018, 51(08): 669-678.

[8] 清华大学统计学研究中心. http://www.stat.tsinghua.edu.cn.

[9] 百度百科. 脑机接口[DB/OL]. [2022-06-25]. https://baike.baidu.com/item/脑机接口.

[10] Linxing Jiang, Andrea Stocco, Darby M. Losey, et al. BrainNet: A Multi-Person Brain-to-Brain Interface for Direct Collaboration Between Brains [J]. Scientific Reports. 2019, 9(1): 6115.

[11] https://neuralink.com/applications/.

[12] Restore Fundamental Human Needs. [EB/OL]. [2022-06-25]. https://synchron.com/technology/brain-io.

[13] 不再是科幻, 人类直面"脑机连接"八大伦理困境[EB/OL]. (2019-08-07) [2022-06-25]. https://baike.baidu.com/tashuo/browse/content?id=7e4db7414b95 644e5dd90cb1&lemmaId=7864914&fromLemmaModule=.

[14] 张健. 揭秘比特币和区块链(一): 什么是区块链?[EB/OL]. (2016-03-21) [2022-06-25]. https://www.infoq.cn/article/bitcoin-and-block-chain-part01.

[15] 朱岩, 甘国华, 邓迪, 等. 区块链关键技术中的安全性研究[J]. 信息安全研究, 2016, 2(12): 1090-1097.

[16] 华为区块链白皮书[R]. 2018.

[17] 朱阁. 数字货币的概念辨析与问题争议[J]. 价值工程, 2015, 34(31): 163-167.

[18] 张荣丰, 董媛. 关于数字货币的发行与监管初探[J]. 华北金融, 2017(1): 36-38.

[19] 施婉蓉, 王文涛, 孟慧燕. 数字货币发展概况、影响及前景展望[J]. 金融纵横, 2016(7): 25-32.

[20] 中国通信标准化协会. "物联网+区块链" 应用与发展白皮书[R]. 2019.

[21] 区块链+医疗: 构建高效的医疗管理生态服务体系[EB/OL]. [2022-06-25]. https://new.qq.com/rain/a/20220225A08DFP00.

[22] 全球5G发展的现状与未来 [EB/OL]. (2021-01-12)[2022-06-25]. https://www.sohu.com/a/444045822_120415828.

[23] Motorola, Lenovo. How 5G will change the world[R/OL]. [2022-06-25]. https://www.verizon.com/business/resources.

[24] Chiara Buratti, Laurent Clavier, and Andreas F. Molisch. Chapter 10-Perspectives[M]//Inclusive Radio Communications for 5G and Beyond. Academic Press Books-Elsevier. 2021: 295-304.

[25] Froukje hoorenbeek, CC BY-SA 4.0, via Wikimedia Commons. https://creativecommons.org/licenses/by-sa/4.0.

[26] 三个皮匠报告. 虚拟数字人有哪些?虚拟IP、虚拟世界第二分身是什么? [EB/OL]. (2022-01-21)[2022-06-25]. https://www.sgpjbg.com/info/29662.html.

[27] 清华大学迎来国内首个原创虚拟学生"华智冰"[N/OL]. (2021-06-17) [2022-06-25]. https://www.tsinghua.edu.cn/info/1181/84994.htm.

[28] 百度百科. 混合现实 [DB/OL]. [2022-06-25]. https://baike.baidu.com/item/混合现实/9991750#:~:text=混合现实技术.

[29] 袁洪清. 数字产品特征与定价策略的经济学分析[J]. 宁波大学学报(理工版), 2003(6): 149-152.

[30] Son-Yong Choi, Dale O. Stahl, Andrew BWhinston. 电子商务经济学[M]. 张大力, 刘维斌, 译. 北京: 电子工业出版社, 2000.

[31] 谢康, 肖静华. 电子商务经济学[M]. 北京: 电子工业出版社. 2003.

[32] CSDN@hongZ. 鸿蒙: HarmonyOS认证学习资料整理. [EB/OL]. (2021-10-07) [2022-06-25]. https://blog.csdn.net/qq_39797956/article/details/120340247.

[33] ARTrobot. http://www.artrobot.com.

[34] NVIDIA. https://www.nvidia.cn.

[35] APPLE. https://developer.apple.com/cn/augmented-reality/arkit/.

[36] HUAWEI. https://www.huawei.com/cn/news.

[37] 全球基础设施-Amazon Web Services 概述[EB/OL]. [2022-06-25]. https://
docs.aws.amazon.com/zh_cn/whitepapers/latest/aws-overview/global-
infrastructure. html.

[38] 算力堪比超算?谷歌推出新一代人工智能芯片[EB/OL]. [2022-06-25]. https://
new.qq.com/rain/a/20210521A0BK9500.

5

元宇宙的
后未来时代

关于元宇宙，许多知名企业人士都给出了自己的看法，如表5.1所示。

表5.1 各界人士对元宇宙的观点集锦

来源	简介	观点
Tim Sweeney	Epic Games CEO	元宇宙将是一场前所未有的大规模参与的实时 3D 媒介，带有公平的经济系统，所有创作者都可以参与、赚钱并获得奖励
Dave Baszucki	Roblox CEO	元宇宙是持久的、共享的 3D 虚拟空间，人们在元宇宙拥有自己的虚拟身份的形象，可以进行娱乐、工作和创造。未来的元宇宙应该是由用户创造的，Roblox 公司则是工具、技术和平台的提供者
Mark Zuckerberg	Facebook CEO	元宇宙是继移动互联网之后的计算平台，可以把其看作是实体化的互联网。在这里，用户不再浏览内容，而是在内容之中
Matthew Ball	VC 分析师	元宇宙不仅仅单纯作为"虚拟空间""虚拟经济"或一个游戏、应用商店、UGC 平台，而是一个持久稳定且实时性的，可以容纳大量参与者的横跨虚拟和现实世界的存在，并拥有闭环经济系统和数据、资产互操作性以及持续生产内容的用户
胡厚崑	华为轮值董事长	元宇宙代表了我们整个人类社会对于虚拟与现实进一步融合的一种期待和向往
Satya Nadella	微软 CEO	随着虚拟世界和物理世界的融合，由数字孪生、模拟环境和混合现实组成的元宇宙正在成为一流的平台。使用 Metaverse，整个世界都将成为您的应用画布
黄仁勋	英伟达 CEO	随着科技不断发展，虚拟世界与现实世界将产生交叉融合，现在正是元宇宙世界的风口浪尖，而 NFT 也将在其中扮演重要角色
汪丛青	HTC 中国区总裁	元宇宙就是三维的互联网，用 VR 或 AR 的设备来使用，通过沉浸式的方法来进入不同的世界
马化腾	腾讯 CEO	虚拟世界和真实世界的大门已经打开，无论是从虚到实，还是由实入虚，都在致力于帮助用户实现更真实的体验

我们可以参照人类文明史的某种形态来计算元宇宙的发展周期。在信息文明之前，我们经历了人类文明史上最令人激动的工业革命。如果把瓦特改良蒸汽机作为工业文明的开端，而把阿塔纳索夫发明现代计算机（ABC）作为信息文明的开端，那么工业革命经历了大约160年的时间。在这160年里，人类不仅用蒸汽动力代替了畜力（例如用马拉车），还仿照鸟的飞行原理发明了飞机。再把目光放得远一些，我们不难发现，人类文明的发展呈现加速发展的趋势：在工业社会之前，人类为解决吃饭问题差不多花了1万年的时间来建造农业文明；之前更是用了二三百万年的时间从与猛兽的生存竞争中学会了工具的使用和刀、箭等兵器的打造。按照这个进程加速趋势，人类从元宇宙"元年"（普遍认为是2021年）到元宇宙的发展成熟，应该只需要十几年的时间。但这个时间只是一些局域性虚拟平台逐渐走向完善所需要的时间，主要是这些平台经历技术创新完善的过程，是元宇宙在概念落地以后发展的第一阶段。而基于技术产业的变革所需的时间因全球在政治、经济、法律等层面发展的不均衡因素的影响，可能在第一阶段以后还需要30 ~ 50年的时间。第三阶段是人类社会全面接受元宇宙的时期。

那么让我们畅想一下，未来虚拟与现实并存的世界是个什么样子，就从目前已知的元宇宙应用开始吧。

5.1 元宇宙的重要应用

5.1.1 地球元宇宙

地球元宇宙主要要用到数字孪生技术。根据著名计算机企业IBM的定义，"数字孪生是某一对象或系统整个生命周期的虚拟再现，根据实时数据进行更新，并利用模拟、机器学习和推理来辅助决策"。数字孪生为了精确反映物理对象的关键特征需要为其配备多种传感器，通过这些传感器产生实时数据并反馈至处理系统，再由处理系统保持虚拟模型与实体对象的同步关系，使其成为物理实体的"数字孪生"。

在地球元宇宙中，数字地球概念在1998年最早由美国提出，它是新一代地理信息技术与航空航天技术融合构建的数字化虚拟地球，需要借助卫星的对地观测数据和导航定位参数来实时进行数据的更新。

对地观测分辨率的高低和导航定位的精确度会直接影响数字地球的呈现和应用效果。如图5.1所示是一张三维地球的示意图，数字地球所包含的信息量非常大，它需要非常高的算力支持，不是一般的计算机所能处理的。

图5.1　三维地球的示意图

有哪些知名的虚拟地球及其重要应用？

（1）谷歌公司的谷歌地球（Google Earth）

由于借助美国在遥感对地观测和全球卫星定位导航等领域的先发优势，谷歌地球成为发展最早和目前最为成熟的数字地球产品。

（2）英伟达的第二颗地球

2021年的GTC[1]大会上，英伟达CEO黄仁勋表示"我们将建立一个数字孪生来模拟和预测气候变化"，这台新的超级计算机被命名为Earth 2（E-2），即地球的数字孪生，其能在Omniverse中以百万倍（普通处理）的速度运行Modulus创建的AI物理环境。

"Omniverse不同于游戏引擎，它旨在实现数据中心规模的模拟环境，最终有望实现全球模拟。"黄仁勋介绍，英伟达的新目标是构建减轻气候变化影响的工具。

英伟达还没有详细说明E-2的具体架构，但很显然，对整个地球进行详细的环境建模并预测未来几十年的气候变化是一个非常困难的工程。

"与主要模拟大气物理的天气预测不同，气候模型是针对大气、水、冰、陆地和人类活动，从物理、化学和生物学等方面进行数十年的模拟"，黄仁勋说道，"目前，气候模拟的分辨率为10～100公里。但是要模拟全球从海洋、海冰、陆地表面、地下水、大气和云层的整个水循环过程，就需要更高的分辨率。"

对此，英伟达希望使用全新的Modulus框架来开发物理机器学习模型以解决这个问题。"鉴于地球气候变化如此之快，例如蒸发引起的干旱和饮用水水位下降了150英尺（45.72米），我们迫切地需要取得进展"。

"通过结合GPU加速计算、深度学习和内嵌物理信息的神经网络的突破以及人工智能超级计算机三大技术，再加上大量可供学习的观测和模型数据，我们可以实现百万倍的加速。"黄仁勋说道，"有了超高分辨率气候模型，我们或

---

[1] GTC会议是NVIDIA近年来每年举办的一场GPU技术大会。

许就能实现10亿倍量级的飞跃。国家、城市和村镇可以获得预警,提前应对并提高基础设施的抵御能力"。

(3)中科星图的应用解决方案

中科星图是国内最早从事数字地球产品研发与产业化的企业之一。在第十一届中国卫星导航年会(CSNC2020)上,中科星图提出将持续加大科技研发投入和人才队伍建设,立足空天大数据获取、处理、承载、可视化和应用五大自主核心技术。基于通、导、遥一体,天、空、地融合的发展趋势,在强化高分遥感卫星应用服务能力的同时,拓展北斗导航定位卫星的应用服务能力,探索构建"北斗为体、高分为象"的数字孪生地球平台系统及产品体系,推动北斗、高分专项成果转化应用,为自然资源、交通、气象、海洋、应急等多个行业领域提供更为前沿的应用解决方案。

5.1.2 航天元宇宙

元宇宙的航天应用不仅使人类可以在地面上模拟空间实验,还可为宇航员培训提供新的思路。那么,元宇宙具体有哪些航天方面的应用呢?

(1)利用VR技术参与空间站上的"时间感知"实验

2021年4月,美国宇航员Victor Glover参加了欧洲航天局的"时间感知"研究实验。这项实验主要利用虚拟现实技术研究微重力环境对人类时间感知能力的影响。目前,科学家已经通过实验证明人类在微重力环境下更倾向于低估距离和长度,因此推断相同环境下人类可能感觉时间流逝得更快。

那么怎样获得微重力环境呢?通常宇航员在空间站中获得微重力环境,实验成本非常高。但在元宇宙背景下,宇航员可在地面上通过VR头显进行有关实验,不但提高了实验效率,而且可以大幅缩减实验成本。图5.2为模拟示意图。

图5.2　通过VR头显获得太空体验

（2）俄罗斯的Roscosmosis技术

据报道，俄罗斯国家航天公司Roscosmos正把VR硬件用作航天器模拟器的一部分，让宇航员培训中心的受训者有机会亲身体验目前的联盟号航天器，以及目前正在开发的下一代载人航天器奥雷尔（Oryol）号。设计中，这个VR硬件将与其他能够增强沉浸感的触觉装备结合使用，例如微重力模拟器。

（3）为商业航天计划Starliner训练宇航员

Varjo是一家总部设在芬兰的VR/XR头显开发商，致力于开发能够实现人眼分辨率的头显设备。在使用VR/XR头显进行训练时，宇航员不仅需要看清显示屏上的所有数据，而且还要同时用手操作或控制模拟飞行器，因此对显示设备的要求很高。利用Varjo头显的人眼分辨率所实现的高视觉逼真度，波音计划在虚拟现实中模拟Starliner（"星际客船"）的宇航员训练，包括载人航天的每一个阶段，从发射前的预备到与空间站的对接和登陆目的地。图5.3为通过VR/XR头显进行宇航员模拟训练的示意图。

图5.3　利用VR装备在虚拟空间训练宇航员示意图

5.1.3　文化元宇宙

文化元宇宙主要通过AR技术打造沉浸式体验，辅以虚拟"链游"或沙盒游戏满足游客自由探索的愿望、开发IP NFT进一步发掘景区价值。

有哪些元宇宙+旅游业的案例？

（1）韩国旅游元宇宙平台

2021年11月，韩国首尔市政府发布了《元宇宙首尔五年计划》，宣布从2022年起在市政府所有业务领域打造元宇宙行政服务生态，其中包括了旅游业务。据此，韩国选择仁川开放港作为创建智能旅游城市的指定区域，并采取了以下构建措施。

● 增强现实仁川（AR Incheon）

例如，景区提供AR导航服务和AR地图，游客能够通过智能手机，"穿越"

回该景点的重要历史时刻，了解仁川的历史变迁。

- Incheoncraft游戏

仁川以《我的世界》（Minecraft）为基础，开发了名为Incheoncraft的沙盒游戏，玩家可以"化身"形式自由探索虚拟仁川。这为无法亲临参观的游客提供了新的机会，并创造了一种不受限制的旅游方式。

（2）迪士尼的元宇宙战略

据2021年11月16日消息，迪士尼CEO Bob Chapek在一场对谈中暗示，迪士尼乐园加上Disney+数字平台是该公司构建的未来元宇宙入口。

- 沉浸式乐园

在迪士尼邮轮上的原创舞台剧《冰雪奇缘》中，设计师将运动追踪视频图形与大型移动布景相结合，创造出阿伦黛尔（Arendelle）这一冰雪王国，为游客打造沉浸式的冰雪奇缘世界。

- IP NFT[1]化

迪士尼凭借其丰富的IP资源以及公司拥有的众多粉丝，在开发NFT上具有显著优势。而VeVe是一个特别关注传统IP的NFT平台，迪士尼通过与VeVe的紧密合作，已经发布了星球大战（Star Wars）、辛普森一家（The Simpson's）、米老鼠等系列NFT。

（3）国内元宇宙项目

在国内，元宇宙同样被应用于旅游业的探索。2021年11月，张家界元宇宙研究中心成立。

同年的国庆期间，西安数字光年软件有限公司与大唐不夜城联合宣布，首个基于唐朝历史文化背景的元宇宙项目——"大唐开元"正式立项启动。首批上线的数字藏品包括钟楼和小雁塔。

上述的案例展示了元宇宙赋能旅游业的可能性。

---

[1] NFT：non-fungible token，非同质化代币的英文缩写。

元宇宙与旅游业结合有几种可能的路径呢？

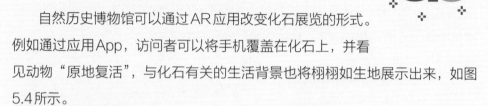

（1）基于AR技术打造互动景点

自然历史博物馆可以通过AR应用改变化石展览的形式。例如通过应用App，访问者可以将手机覆盖在化石上，并看见动物"原地复活"，与化石有关的生活背景也将栩栩如生地展示出来，如图5.4所示。

图5.4　史密森尼国家历史博物馆（美国）利用AR技术改变化石展览的形式

类似技术将被应用于景区展览，想象一下如下场景，眼前的古建筑在你面前拔地而起，或眼前历史人物"活过来"，并与你热情互动。

（2）NFT助力体现景点IP价值

旅游景点因特有的历史、建筑或文化而具有独特的价值，NFT或者数字藏品能够重新挖掘和体现这类价值。上文案例中，迪士尼、大唐开元项目通过挖掘自身内容潜力，以NFT或者数字藏品的形式寻求商业价值的路径也都获得了成功。如图5.5所示是一个象征天坛景区的2D图片，通过进一步展现其建筑形态和细节，可开发3D的NFT或数字藏品。

图5.5　象征天坛景区的2D图片

（3）"平行世界"旅游体验

通过对景点空间进行扫描，将扫描结果上传到云端平台，云端算法就可以将真实世界的数据处理为一个身临其境并且可以探索的空间。例如南京博物院推出的虚拟展览"宋韵"，就为游客提供了这样一个云上空间，如图5.6所示。

图5.6　虚拟展览之"宋韵"提供云上旅游空间

不用考虑天气、场地、交通等因素，避免了人流拥挤和长途劳顿，只需登录智能终端，人人都能足不出户地沉浸式探索各地景点。

（4）基于区块链技术的"链游"探索

所谓"链游"是以区块链技术为基础搭建的游戏，主要特点是其核心装备，如服装、道具，人物等都是以NFT的形式提供。基于特有的经济模式，游戏参与者在探索景区的同时可以多种形式获得奖励。

这种方式不仅把游戏的趣味性与景区的主体场景相结合，而且把线上的探险活动与虚拟空间的经济活动相结合，是一种非常接近元宇宙的愿景。届时，科幻电影中的场景就可能成为现实，如图5.7所示。

图5.7 科幻电影中的AR场景有可能成为现实

5.1.4 教育元宇宙

元宇宙课堂中，VR设备的引入能够充分展现教学内容，让学生"沉浸"在知识中。此外，虚拟空间的运用也催生了诸如虚拟实验室、虚拟会议室等场景。

元宇宙的教育相关应用

- 全球顶级AI学术会议之一的ACAI（Algorithm，Computation，and AI）会议，把2020年的研讨会放在了任天堂的《动物森友会》上举行；
- 中国传媒大学为了不让学生因为疫情错过毕业典礼，在沙盘游戏《我的世界》（Minecraft）里重建了校园，学生化身成为游戏人物形象齐聚一堂完成仪式。

在教育领域的应用上，沉浸感和互动性是VR技术最突出的优势。

元宇宙+教育有哪些具体案例呢？

（1）韩国教育+元宇宙

韩国政府在发布《元宇宙首尔五年计划》之后，不仅开始打造旅游元宇宙，同时也在"元宇宙+教育"领域发力，投资打造校园元宇宙空间。

Gather❶通过提供线上活动平台，允许使用者构建虚拟的校园空间，使学生能够在其中自主地创作虚拟形象以参与教学活动。Gather提供了多种虚拟校园场景，如课堂空间、实验空间、操场空间、休息空间等模块。

据悉，韩国学校已依据此平台构建了各自的虚拟教学和课外空间，将教育推向平行宇宙。

（2）编玩边学推出《玩学世界》

深圳市编玩边学教育科技有限公司坚持"寓教于乐"的教学理念，推出了成长陪伴平台《玩学世界》。该平台基于3D虚拟世界，提供3D创作社区

---

❶ Gather是一家创建于2020年、旨在构建更好的线上元宇宙的科技公司。

（UGC）、3D内容体验（PGC），支持多人联机社交（MMO），具备经济系统（NFT），着力为下一代数字用户打造3D虚拟的元宇宙。

（3）斯坦福大学的Virtual People课程

这是一门完全通过VR进行的课程，如图5.8所示。虚拟场景包括：学生漂浮在太空，张大着眼睛看着下面的地球；学生在美丽的珊瑚礁中游泳，亲眼感受气候变化是如何导致珊瑚礁的毁灭；学生化身成为不同肤色的人种，以第一人称视角经历何为偏见和歧视；等等。

图5.8　斯坦福大学的Virtual People课程全程在Quest VR中上课

斯坦福大学向参加课程的学生提供虚拟现实头显。然后，学生们可以自由创建属于自己的虚拟化身，并在课堂进行虚拟会面。而这门课程的意义在于可以帮助学生熟悉有望在未来普及的教育技术。

META VERSE 元宇宙简史

元宇宙＋教育有哪些可行路径？

（1）沉浸式课堂

例如人们想学习行星知识，戴上VR/AR眼镜后，巨大的行星就会出现在面前，人们可以把它们拉近或推远，清晰地看到它们的纹理和特点。如果人们想学习古代建筑知识，可以直接"穿越"到那个时代亲身体验，见证伟大建筑是如何建成的。

（2）虚拟互动体验

例如，可以自由设计和打造虚拟图书馆、虚拟自习室、虚拟活动室等虚拟空间，而学生能够在这些空间里面以3D化身的形式参与各种社交活动。

（3）探索基于数字孪生的实验教学

元宇宙课堂还为学生们提供更多探究的空间。例如：化学系的同学能够大胆进行各种化学实验，而不必考虑化学材料以及实验过程的危险；又如建筑系的同学们能够通过仿真实验室亲身参与建造城市高架桥梁，以虚拟的方式完成传统教学难以完成的任务。

（4）探索基于区块链的教学管理机制

将区块链技术融入教学管理将有利于实现更加高效、智能与安全的管理机制。例如学生的学历证书、学术论文等具有唯一性、排他性的特点，适合采用区块链技术管理。此外，依托于区块链技术，NFT能够作为底层数字资源的唯一凭证，奖状、证书、学分等都能够通过NFT的形式发放。

5.1.5 医疗元宇宙

美国数字健康基金Rock Health认为，元宇宙中的医疗保健存在广泛的可能性，但目前有两大类应用场景和尝试最为常见，这两类场景分别是：

① 沉浸式环境，通过扩展现实（XR）创造的虚拟世界，医疗保健的提供

者和消费者出于医疗教育、辅助或治疗目的参与其中；

② 数字孪生，现实世界的实体在虚拟世界中的映射，可以被用来协助进行医疗保健的相关决策。

我国在数字医疗的发展上起步较晚，且早期由于数字技术能力的局限，进展较慢。不过，近几年我国在信息技术及通信技术领域实现了跨越式的发展，在数字医疗的进展上也已经有了不小的进步。根据动脉网的不完全统计，2022年，中国数字医疗的创新案例有15例。例如：华卓科技——HaaS平台重构区域医疗信息化；铂桐医疗——基于数字医疗的疼痛管理解决方案；京东方健康科技——基于物联网的多场景定制化数智康养解决方案等。另外国内约有21家涉足VR/AR+医疗的初创企业。

有哪些元宇宙+医疗场景？

（1）医疗教学培训虚拟化

● 数字医学图书馆

VR技术的应用，为医学教育带来完全不同的体验。在这点上，医疗教育流媒体视频库GIBLIB是一类。

GIBLIB提供丰富的4K高清视频资源，内容包括医学教学、讲座和会议内容、手术操作，被称为医学教育界的Netflix，如图5.9所示。

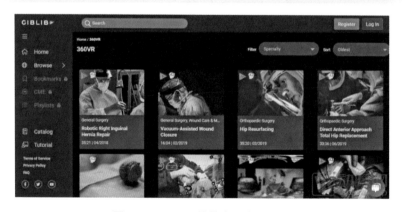

图5.9　GIBLIB的数字医学图书馆

- 手术培训平台Osso VR

Osso的平台提供了卓越的视觉保真度，确保从解剖细节到手术室环境的各个方面都如现实一般，如图5.10所示。

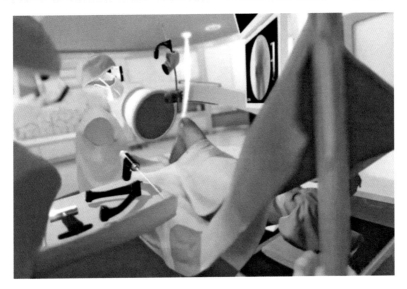

图5.10　Osso VR的手术操作GIF截图

传统的培训方法限制了外科医生们掌握技术和新的医疗器械的速度，同时缺乏手术操作表现的客观反馈和衡量的有效途径。有了Osso VR，医生们就可以随时随地为自己安排近乎真实的手术和器械的操作练习。Osso还可以对医生的模拟训练精确度进行分析，跟踪训练表现，并允许全球用户远程加入协作训练中。

（2）VR赋能手术机器人

成立于2014年的Vicarious Surgical首先围绕手术机器人进行了改良，其机械臂只需要通过一个1.5厘米甚至更小的切口就可以进入腹腔，并可以在各个方向上自由移动，如图5.11所示。

同时机器人的每条手臂拥有28个传感器，能够测量手术机器人的力量、行动、定位，做到完全复刻外科医生从肩部、肘部再到手腕的自然运动，做到让手术精度、视觉影像和控制都实现最大化。

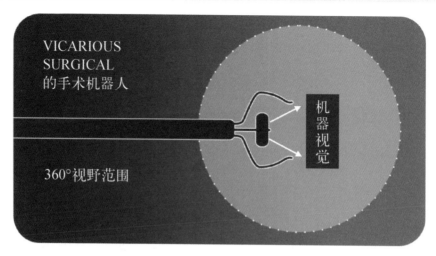

图5.11　Vicarious Surgical 的手术机器人

外科医生通过佩戴VR眼镜、操纵手柄，就可以感受到360°全景般的逼真感，仿佛直接进入了患者腹腔。

据悉，Vicarious Surgical的手术机器人目前只获得了FDA的设备认证，还没有完成最终的商品化，VR设备也不会出现在第一代产品中。手术机器人+VR的畅想能否被外科医生普遍接受，犹未可知。

（3）增强现实辅助手术

Augmedics的Xvision Spine System（XSV）是首个获得FDA批准的可以用在脊柱手术中的AR导航系统。医生戴上AR设备后，就可以直接在眼前清晰地看到患者的3D脊柱结构、手术器械和植入物的位置和走向。

在国内，维桌致远的全息影像系统、妙智科技的VR影像平台，还有霖晏医疗的AR骨科手术导航系统都是该场景下的代表。

（4）"沉浸式"疗法

基于VR的下背部慢性疼痛治疗产品EaseVRx，是由AppliedVR提供、FDA批准的首个虚拟现实疗法，AppliedVR称其为"沉浸式"疗法。

在其他领域，Luminopia One通过VR进行的儿童弱视治疗也得到了FDA的上市批准。

BehaVR将冥想、暴露疗法、认知行为疗法等与VR、AR结合，提供焦虑管理、产后健康、疼痛管理等的治疗方案。

TRIPP则通过VR和AR中的游戏，引导用户在沉浸式的环境中跟随声音频率和可视化的呼吸节奏进行练习，解决心理健康和情绪健康问题。

我国医疗创新企业也在利用VR和AR技术展开疾病治疗，如康复领域、视功能训练和心理健康治疗等。这类企业包括七鑫易维、诺亦腾、心景科技、双琦医疗、盖尔伦医学和颐康医疗等。

（5）数字孪生

Siemens Healthineers正在开拓心脏方面的数字双胞胎，一种反映个体患者心脏分子结构和生物学功能的复杂数字模拟。医生可以在做出任何现实世界的决定之前，在虚拟世界模拟患者的心脏对药物、手术或导管干预的反应，提前测试各种治疗方案。

Virtonomy构建了骨骼和肌肉群的数字双胞胎，以对植入物进行更好的设计，还可以模拟医疗设备或植入物随着时间的推移在患者体内的降解过程。

除了器官，初创公司还在创造个体的全身数字双胞胎。Q Bio的Gemini平台可以通过人体全身扫描，获取患者的生命体征、病史和基因测试结果，从而创建整个患者解剖和生理学的复杂模拟，消费者可以将结果与专家、培训师、营养师和研究人员共享，以实现个性化护理。

小结

科幻小说家可以说是世界上最先勾画未来的一群人，但科学技术的不断创新才是让科幻走进现实的能量来源。医疗+元宇宙让我们看到了元宇宙的核心技术应用于医疗服务的巨大潜力，过去只在实物模型或二维影像上才能够进行的医疗培训或疾病诊断等过程，在未来都可以借助数字孪生、远程诊断等元宇宙技术来实现。

5.2　数字永生的美好愿景与现实局限

在《数字灵魂：人工智能时代的永生》（The Digital Soul: Immortality In the Age of Artificial Intelligence）一书里，莫里茨-利泽维克（Moritz Riesewieck）和汉斯-布洛克（Hans Block）带我们进行一次奇妙的数字旅行，向我们介绍科技先锋以及那些希望数字化克隆自己以流芳百世的人，并向我们提出了一个问题：除了死亡，我们还有其他选择吗？他们的结论是：永生确实是可能的——但不是我们想象的那样。

5.2.1　共生社会

我们已经知道，AlphaGo是第一个击败人类职业围棋选手的人工智能机器人。

围棋人机大战，机器已经赢了，但所有人都需要面临一个共同的问题：未来，人类与机器究竟是什么关系？让我们适度想象，如图5.12所示。

图5.12　人机共存的未来概念

当机器认知超越人类并且脱离人类掌控的时候，人类与机器的隶属关系也许就不存在了，取而代之的是共生关系甚至是被隶属关系。当然，理想的状态是人与机器共生。

关于这个问题，约瑟夫·利克莱德（J.C.R.Licklider）在1960年发表了题为Man-Computer Symbiosis（人机共生）的文章，文中指出"人机共生是未来人类和电子计算机之间的潜在互补关系"。约瑟夫指出人机共生的主要目的是：

① 将计算机有效地纳入技术问题的公式化部分；

② 将计算机带入必须"实时"进行的思考过程，从而促进问题的解决。

换句话说，人机共生的主要目的是充分利用计算机的精确计算能力，把人类从繁重的计算中解放出来，从而使人类智能得到充分利用。

人机共存的序幕才刚刚拉开

AI时代，智能机器人得到了快速发展，然而从用户体验上来看，大多数产品虽然能在一定程度上为用户提供便利，但仍"不够智能"，其在语音和视觉上的不足更是限制了用户的使用体验。

虽然目前大部分机器人的智能化程度还处在"初级"阶段，但终有一天，各行各业都会有自己的"Alpha机器人"出现。Ray Kurzweil在他的《奇点临近》一书中曾描写道：在"奇点"到来之际，机器将能通过人工智能进行自我完善，超越人类，从而开启一个新的时代。

5.2.2 数字永生

安德鲁·卡普兰（Andrew Kaplan），是一位美国作家，以写作间谍、惊悚小说而闻名。2019年9月，78岁的安德鲁参与了Nectome公司的HereAfter计划，利用对话AI技术和数字助理设备，在网络云上实现"永生"。安德鲁是公认的第一个这样做的人，他将成为世界上第一个"虚拟人"——Andy-Bot。

如果一切按照计划进行，安德鲁家族的未来几代人都将能够使用移动设备或亚马逊的Alexa等语音计算平台与他互动，如向他提问、听他讲述故事等。即使在他的肉身去世很久之后，仍能得到他基于一生经验的宝贵建议，如图5.13所示。

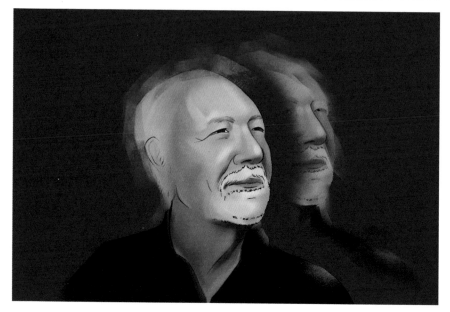

图5.13　在云端"永生"的安德鲁·卡普兰

你愿意数字永生吗？

　　数字人，实质上就是在网络中存在的虚拟人，是利用了计算技术、AI技术、网络通信和语音、图像处理等手段，让一个人的音容笑貌长期地保存在虚拟空间，使亲友能够通过智能设备与"他/她"进行"线上"的互动和交流。很明显，这种互动和交流会受到技术条件的限制，并且"他/她"也不会像真人那样具有"动态"和"更新"。与传统不同的是，人们缅怀先人的方式可能发生本质性的变化，不再需要褪色的老照片或寄托哀思的墓园，取而代之的是能够还原逝者音容笑貌的数字虚拟人。这个数字虚拟人虽然不能走下屏幕或走出跟你交流的语音设备，但能够跟你交谈，分享"他/她"的人生经验。

184

META VERSE 元宇宙简史

数字智能成就人类的永生梦想

对于自然界的生命体，人类迄今尚未认识得非常清楚。人类基因组计划是美国科学家率先提出，并于 1990 年正式启动的跨国工程。这项工程的目标是测出人类 DNA 上的 30 亿个碱基对序列，破译人类的遗传信息图谱，该项研究将有助于人类更详细地了解自己的"长寿基因"。但当生命科学技术领域有了长足进步后，人们愈加感到生命是极为复杂的。要想让人类永生，在目前看来几乎是不可能的。

现在，对数字人的创新与探索，成了人们追寻永生的另一种选择。由于数字技术的基础是存储与计算，随着技术的发展，不但存储器本身的寿命大大延长，而且还出现了分布式存储、云端存储等新技术，为数字永生奠定了基础；并且，算力和 AI 技术的发展也为虚拟数字人具备人类的情感提供了可能。以人工智能与信息网络技术支撑的数字化生命不再关心肉身，而是着重保存和再现人的思想、意识，这与人类追求永生的梦想不谋而合。

数字虚拟人在为亲朋好友提供交流渠道的同时，由于其本身具有的开放性特征，在亲友授权的前提下，还能够与更多愿意与其交往的人进行交流。如果卡普兰的数字人"上线"，人们可以就他写的小说跟他进行"交流"，即便他离开这个世界很多年。

真实的数字（智能）人

卡普兰在接受媒体采访时曾表示，他"愿意用钱来换取跟已故父亲哪怕五分钟的直接对话"；谈到将来，他表示"愿意以这种方式表达对妻子和儿子的爱，即便在自己离世许多年以后还可以陪伴在他们身边"。

不过，数字人只是保存了其生前的思想、意识、观念、语音、行为方式与习惯，已经不可能与时俱进和更新了，人们与数字人的互动实际上是一种与过去的对话，因此并非延续与逝者的实际联系。

即便如此，卡普兰这样的数字人看起来也是"有血有肉"的，让人感到真实可信，在功能上比此前的录音、录像，已有了不一样的变化。比如，卡普兰的家人可以在厨房呼唤他的名字，跟他一起回顾某一次家庭聚餐的欢乐时光，或者后辈在家族聚会的时候听他讲述独特的人生经验。而这一切都可以通过对话的形式完成，而不必去翻找录音或录像上的某一节或某一段。

换句话说，经过AI学习而创建的Andy-Bot，是以卡普兰的外形、行为、语音、语言、思想和意识为蓝本，会让人觉得他就是现实中的卡普兰走进了网络，是一个真实的人，就像活着的卡普兰。

数字人的分辨率

在制作"数字人"的过程中，卡普兰家人为HereAfter计划提出过不少意见，其制作团队在技术允许的范围内进行了改进，这说明"数字人"的数字化特征与真人之间存在一定误差。而科技发展的目标就是不断缩小这个误差，目前，可以用"分辨率"指标来描述这个误差。

分辨率指标，是清华大学的新媒沈阳团队在其《元宇宙发展研究报告2.0版》中用于描述人机共生的形态时提出的。该研究报告认为，数字永生是人机融生的终极形态，需要强大的人工智能与算力支撑，以及现实和人脑镜像到虚拟世界，需要足够高的分辨率。

实际上，分辨率是一个物理学指标，比如，一个图像的分辨率是用来衡量它在多大程度上反映了被摄物体的原貌。但人类思想是一个不同于物理实体的抽象概念，因此，如果沿用分辨率指标来描述数字人，就需要对它进行重新定义。作者认为，当用于描述抽象的"灵魂"相似度时，该指标的定义将复杂得多。首先需要制定一系列标准，至少可以使用人工智能的办法，在交流中通过分类和识别，计算数字人的"分辨率"。不过，由于人工智能技术本身的发展水平制约，要想让数字人变得完美，将不得不着手解决一个困扰计算机科学家数十年的问题，即实现人与机器之间的"多回合对话"。所谓"多回合对话"不像点比萨这样简单、简短、有特定目标的对话——多回合对话是自由流动和自发的，在不相关的话题之间自由流动，使用几乎无限制的自然语言，就像人们之间的日常对话一样。

计算机要像人类一样处理多回合对话，不仅需要足够的算力支持，而且需要足够的数据用以进行训练。Andy-Bot的目标是实现一个更现实的短期目标，让数字人能够分享关于他的一生的故事。

数字永生是技术与人文的交汇。数字大脑还需要多长时间才能具有令人满意的情感表达还是未知数，让我们进一步期待它给出人类永生问题的美妙答案。

5.2.3 虚拟人、机器人的独立性

未来元宇宙将是自然人与数字人、机器人共生的世界。

自然人的虚拟化分身

我们在第4章介绍了虚拟数字人的发展，其中的虚拟世界第二分身主要面向的是未来的虚拟世界，创设目标是满足个人对虚拟身份的需求，为社交、娱乐、元宇宙而设计脱离于现实世界的第二分身。

人类正在进入机器人时代

讲机器人的电影很多，经典的如《超能陆战队》和《天赐灵机》，其在天马行空之外，探讨了未来社会机器人对于人类的意义。

《超能陆战队》中呆萌憨厚且男友力十足的机器人大白，是我们对未来人机跨界友谊的想象，如图5.14所示。

图5.14　陪伴机器人（参考：《超能陆战队》）

另一部电影《天赐灵机》主题更简单，有着社交障碍的中学生，通过"开箱即用的数字好朋友"，接受了真实友谊的美妙，如图5.15所示。

图5.15　开箱即用的数字好朋友

前者讲的是养成系机器人对于人类的陪伴，后者则讲的是情感治愈。这是人类对于未来社会机器人走进人类的想象，而现在这一切正在变成现实。

在消费机器人时代，教育及陪伴型机器人或率先进入家庭。

科大讯飞"超脑2030计划"

科大讯飞是亚太地区知名的智能语音和人工智能上市企业。根据其"超脑2030计划",在2023—2025年这一阶段提供的数字虚拟人,将具备对知识的深度理解能力,可以在很多专业领域帮助人类,并开始具备多模态情感理解能力,会出现在虚拟世界陪伴人类的"陪伴虚拟人家族"。

- 单身的年轻人,可以像和朋友一样,与虚拟人进行交流;
- 独居的老人,可以得到更好的照顾和陪伴;
- 独自在家的孩子,有机器狗陪伴做作业、玩耍,保护他不受伤害。

进一步,预计在2025—2030年时间段,机器人不再是个别家庭的专属,更多懂知识、会学习的陪伴机器人进入每一个普通家庭,而且这一阶段的数字虚拟人更加"聪明",可以完成自我学习和进化,越来越接近真实的"人"。

什么是元宇宙身份系统?

这是一个独立的数字人身份,但它具备人格特征,有在数字世界里自由参与和自主生活的权利和能力。

基于区块链的元宇宙身份系统是完全独立的,它利用了区块链去中心化的特点,同时也具有安全、防篡改的优点。

在讯飞"超脑2030计划"中,如果以机器人或虚拟人是否能够不断学习和具备情绪感知能力为应用标准,它们就接近具备独立的人格了。

小结

元宇宙世界的数字人或机器人不仅要具备独立的数字人身份,还要具备人格特征,及与自然人共生、用数字世界的价值系统进行自我约束和市场交易的能力。

作者认为在注重服务性的同时,还必须对数字人或机器人是否会威胁到人类的安全加以重视，目的是使其成为人类活动的有益补充，而不是打开的潘多拉盒子。

5.2.4 虚实平衡

目前在互联网上所表现出的"虚拟世界"是以计算机提供的数字环境为基础，以虚拟的人物（如虚拟IP或虚拟世界的第二分身）为载体，用户在其中生活、交流的网络世界。虚拟世界的用户常常被称为"居民"。居民可以选择虚拟的3D模型作为自己的化身，以走、飞、乘坐交通工具等各种手段移动，通过文字、图像、声音、视频等各种媒介交流。我们称这样的网络环境为"虚拟世界"。

尽管这个世界是"虚拟"的，因为它来源于计算机的模拟，但这个世界又是客观存在的，它在"居民"离开后依然存在，真实的人类虚幻地存在，时间与虚拟空间真实地交融，这是虚拟世界的最大特点。

（1）美国林登实验室开发的"第二人生"游戏

美国加州林登实验室（Linden Lab）开发的"第二人生"（Second Life）游戏是具有象征意义的"虚拟现实世界"，它以游戏的形式定义互联网——呈现给人们一个三维空间的虚拟现实社会。

在这里，你可以学习、工作、生产、购物、存款，或者是跟朋友们一起四处闲逛、娱乐等。游戏中的通用货币林登币（Linden dollars）与美元可以以一定汇率进行自由兑换，"第二人生"内的经济活动能赚取真金白银，商业、政治和娱乐开始渗入其中，虚拟与现实的界限由此变得模糊。

（2）国内企业创建的虚拟世界

国内的"虚拟世界"最早是北京海皮士信息技术有限公司创建的3D虚拟世界Hipihi（海皮士），这是一个类似于Second Life的虚拟世界，完全由用户创建虚拟世界中的人物、建筑场景和物品。随后，国内的虚拟世界还陆续出现了Novoking（创想王国）、UWorld（由我世界）等，有的已经公测，有的还在研发中。此外，另外一种以微客户端、图形化社区为模式的3D虚拟世界正在兴起，如久游的3D舞蹈虚拟社区久游吉堂社区、梦境家园等。

虚拟与现实正在走向融合

不可否认，游戏提供的虚拟环境是目前最具代表性的元宇宙雏形。其中，可容纳众多玩家的MMO（Massively Multiplayer Online，即大型多人在线）角色扮演游戏，因其与单机或小型多人参与的角色扮演游戏的差异，成为最能反映元宇宙特征的网络元素之一。

从暴雪娱乐制作的《魔兽世界》和美国林登实验室开发的《第二人生》，可以看出元宇宙的一些重要特征。在《魔兽世界》中用户注册账号后可以建立角色，共有13个核心种族和10个同盟种族可供玩家选择，每个种族包含不同的职业。《魔兽世界》中一共有12种职业，职业之外还有总共11种专业技能可供玩家选择。丰富的角色设定使这款游戏成为能够容纳多人同时参与的大型对战游戏，并且玩家在游戏中通过专业技能获得的资源和产品可以拿到城市中的拍卖场所与其他玩家进行交易。如果网络和用户的终端设备足够好，玩家将充分沉浸在游戏打造的对战场景中。《第二人生》中，居民是游戏中对用户的称呼，在虚拟世界中以虚拟化身（Avatar）的形象示人。第二人生有自己的经济体系和一种叫作Linden币的虚拟货币，居民可以通过生产或服务赚取Linden币，并被允许在当地的货币交易场所兑换成美元。《第二人生》的一大特色是虚拟空间里的绝大部分东西都是居民而不是Linden实验室创造的。此外，《第二人生》还提供现场直播演奏音乐的功能，这样居民可以随地演奏乐器，其他居民用耳机就能听这些音乐；通过上传音频流，其他人可以在游戏世界共享这些音乐。

从上面介绍的这两个游戏不难看出，在身份、社交、经济系统这些与人类生活息息相关的要素方面，游戏世界跟现实的物理世界越来越接近，因此也吸引越来越多的用户成为虚拟世界的Avatar。据统计，《魔兽世界》经典版于

2019年上线以后，活跃玩家人数接近150万，玩家总人数超过2500万；而《第二人生》曾经有900多万注册用户，他们在虚拟世界中进行着真实社会中的几乎各类人类活动。

印第安纳大学的经济学教授Edward Castronova在其2008年的作品《逃往虚拟世界》（*Exodus To the Virtual Worlds —— how online fun is changing reality*）中这样说道：人们正在第二次出走，重写历史。这次是"在线娱乐"使人们"从现实中出走"。实际上，虚拟世界跟真实世界走向的是融合。游戏打造的虚拟世界，直接映射了真实社会的群体意识。人们同时生活在两个世界，往返于两个世界。真正需要考量的是如何在两个世界实现平衡，这不仅关乎元宇宙的发展，也关乎未来新的社会政治、经济形态。

小结

人类是沉浸于元宇宙还是走向星辰大海，两者并不冲突。现实世界是虚拟空间的能量来源，元宇宙为人们拓展了意识活动的边界，也解决了人类活动受物理空间限制的问题，使人们探索现实宇宙更加便利。

处理好两者的关系，人类将能借助虚拟空间走向更加广阔的未来。

5.3　推动元宇宙发展的技术变革

5.3.1　脑科学助力AI发展

过去10年，以深度学习为代表的人工智能技术深刻影响了人类社会，但人类要进入真正意义上的智能时代，需要更强大的智能技术。而向人脑学习、借鉴人类大脑的智能产生机理，被认为是一种非常值得期待的方法。

那什么是脑科学呢？

普遍认为，脑科学有狭义和广义之分。狭义的脑科学大致等同于神经科学，是在细胞或分子水平研究神经系统作为控制中枢机理的学问。广义的脑科学（按照美国神经科学学会的定义）是研究脑结构和脑功能的科学。随着人工智能的发展，脑科学的研究范围不仅仅局限于认识脑，还包括通过类脑研究，模拟脑的工作原理来实现类脑智能。

脑科学有哪些研究成果呢？

（1）神经形态计算机架构

基于冯·诺依曼结构的传统计算机架构在运行深度学习等AI算法时，计算效率受到了I/O性能的制约，大量的数据读写严重降低了整体效率。

浙江大学计算机学院的唐华锦教授介绍：破除冯·诺依曼架构的制约，一个重要的思路是向大脑学习。首先，大脑处理的步骤少，运行速度快；其次，由于突触和神经元同时可以做激发和存储，所以不存在冯·诺依曼架构的I/O吞吐带来的瓶颈；再者，大脑的计算能耗非常低，只有20W左右，因此其计算效率非常高。

（2）存算一体的芯片架构

目前我们使用的计算机，其基本结构是把计算和存储分开放置在不同的半导体芯片上，例如，我们可以说处理器是Intel酷睿™I5，而存储器是Seagate酷玩530。随着大数据和AI应用的发展，传统计算结构的不足渐渐显现，主要体现在海量数据的"搬运"上。由于在有效计算之外，存储器与处理器之间的数据传输将耗费大量的时间和能量，存算一体（computing in memory）技术逐渐发展起来。

清华大学微电子学研究所的吴华强教授介绍："生物突触是信息存储也是信息处理的最底层的生物器件。我们想在芯片上做电子突触新器件，做存算一体的架构。希望通过存算一体的架构，突破AI算力瓶颈。存算一体的理念也是受大脑计算方式启发的。"

（3）怎样模仿生物的大脑

从哲学层次考虑，生物的大脑和神经系统是很多年进化的结果，其经过了自然选择，当然接近最优的结构。但其在多个尺度上具有复杂性，例如在最小尺度上，突触这类不到一微米大小的"器件"也非常复杂，更不用说神经回路和整个大脑的结构了。

来自中国科学技术大学神经生物学与生物物理学系的毕国强介绍，"我们模仿大脑，会在不同尺度、不同层次上获得不同的启发。在这过程中需要明确的是：哪些特性、特征能够对AI起到正面的作用。短时间内要全面地模仿大脑肯定是不现实的，所以我们需要从复杂的层级结构中抽出关键特性一步一步模仿。"

有哪些脑科学计划？

科技发达国家和国际组织早已充分认识到脑科学研究的重要性，在既有的脑科学研究支持外相继启动了各自有所侧重的脑科学计划。

（1）美国创新性神经技术大脑研究计划 [brain research through advancing innovative neurotechnologies（BRAIN）initiative]

2013年4月，时任美国总统奥巴马宣布启动这项计划，旨在绘制出显示脑细胞和复杂神经回路快速相互作用的脑部动态图像，研究大脑功能和行为的复杂联系，了解大脑对大量信息的记录、处理、应用、存储和检索的过程，加深人类对大脑的认识。

（2）欧盟人类脑计划（human brain project）

2013年欧盟推出了由15个欧洲国家参与、预期10年的"人类脑计划"。欧盟人类脑计划的目标是开发信息和通信技术平台，致力于神经信息学、大脑模拟、高性能计算、医学信息学、神经形态的计算和神经机器人研究。侧重于通过超级计算机技术来模拟脑功能，以实现和促进AI技术。

（3）中国脑计划（China brain project）

中国脑计划为15年计划（2016—2030年），将面向世界智能科技前沿和"健康中国2030"的战略需要，发展我国脑科学、类脑技术，从认识脑、保护脑和模拟脑三个方向展开研究，逐步形成以脑认知功能的解析和技术平台为一体，以认知障碍相关重大脑疾病诊治和类脑计算与脑机智能技术为两翼的"一体两翼"研究布局。

（4）日本、韩国、加拿大等国的脑研究计划

多国在脑研究布局中提出发展人工智能（AI）技术。

小结

人工智能的成功需要多学科协同发展。一方面，脑科学的突破将助力AI的进步；另一方面，AI的成功也将促进人类对自身思维过程的理解，有利于这个过程的加速。

5.3.2 量子技术突破性提升算力

量子计算是一种遵循量子力学规律、用量子信息单元（量子比特）进行计算的新型计算模式。对照于传统的通用计算机，通用的量子计算机理论模型是用量子力学规律重新诠释的通用图灵机。从计算效率来看，由于量子态叠加性的存在，某些已知的量子算法在处理问题时的速度比经典的超级计算机还要快。

经典计算机与量子计算机的区别是什么？

经典处理器使用比特来执行操作，而量子计算机则使用量子比特（qubit）来运行多维量子算法。

量子比特可以实现一种重要功能：将它保存的量子信息置于叠加状态，这代表了量子比特所有可能配置的组合。叠加的量子比特组可以创建复杂的多维计算空间。在这些空间中，可以用新的方式来表示复杂的问题。

量子算法还利用了一种叫作"纠缠"的量子力学效应，可将两个独立事物的行为关联起来。原理是当两个量子比特纠缠在一起时，其中一个量子比特的变化就会直接影响到另一个。量子算法利用这些关系来寻找复杂问题的解决方案。

各国的"量子"计划

2016年欧盟宣布启动11亿美元的"量子旗舰"计划，德国于2019年8月宣布了6.5亿欧元的国家量子计划，中美两国也在量子科学和技术上投入数十亿美元。这些计划旨在建造出在某些任务上的表现优于传统计算机的量子计算机。2019年10月，谷歌宣布一款执行特定计算任务的量子处理器已实现量子计算。

2019年12月6日，俄罗斯副总理马克西姆·阿基莫夫于索契举行的技术论坛上提出国家量子行动计划，拟5年内投资约7.9亿美元，打造一台实用的量子计算机，并希望在实用量子技术领域实现突破。

量子技术的发展

（1）第一台商用量子计算机

D-Wave是一家位于加拿大的量子计算公司，该公司于

2011年5月发布了被称为全球第一款商用型量子计算机的D-Wave One，如图5.16所示。2017年1月，D-Wave公司推出D-Wave 2000Q，他们声称该系统由2000个qubit构成，可以用于求解最优化、网络安全、机器学习和采样等问题。

图5.16　被称为全球第一款的商用型量子处理器芯片

对于一些基准问题测试，如最优化问题和基于机器学习的采样问题，D-Wave 2000Q胜过当前高度专业化算法的1000到10000倍。

（2）IBM的量子计算机

早在2016年，IBM就首先把他们的量子计算机放在了云上。他们还宣称2023年将是一个重要的转折点：量子超级计算机开始实现，那是一个模块化的计算架构，该架构支持扩展、结合量子通信和计算来提高计算容量，同时利用混合云中间件进行量子和经典工作流的无缝集成，如图5.17所示。

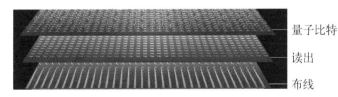

量子比特
读出
布线

图5.17　IBM量子计算机的硬件架构

小结

量子计算是更贴近微观运行规律的新型计算方式。在计算机发展的早期，我们用数字计算代替模拟计算解决了计算精度的问题。未来，我们是否可以用量子计算替代已有的计算模式以实现算力的突破性增长？让我们拭目以待。

5.3.3 核聚变初步解决能源问题

在与元宇宙相关的能耗方面，由于云计算、人工智能等技术的发展布局，全球对数据中心的服务需求都快速增长。根据IEA（International Energy Agency，即国际能源署）的统计，2010年以来，国际互联网用户数量翻倍增长，而全球互联网流量已经增长20倍。目前，全球的数据中心每年消耗约200～300TWh（相当于2×10^{11}～3×10^{11}度）的电能，占全球电力应用的1%～1.5%。由于数据中心处理的任务量不断增长，其能耗数字也将迅速攀升。尽管能量利用效率得到改善，但过去几年的能耗还是以每年10%～30%的速度增长。

那我们是怎样获得电能的呢？据IEA统计，火力发电持续增长，2021年已在全球发电量占比中达到36%；而可再生能源（如水能、风能、太阳能等）产生的电力在2021年超过了8000TWh，相比2020年增加了500TWh，在全球发电量的占比达到28.6%。

不仅如此，为了实现2030年的碳达峰，向清洁能源发电的转变已经势在必行，其中包括可再生能源和核能。

核能发电真的好吗？

核能发电可以进一步分为核裂变发电和核聚变发电。目前的核电站是利用核裂变来发电。

铀是最基本的裂变材料。虽然，1克铀原料完全裂变后产生的能量相当于2.5吨标准煤，但易裂变同位素铀-235的丰度（即在各种铀同位素中的比例）仅占0.7%，并且核裂变在释放巨大能量后产生的核废料有很强的辐射，对周围环境和人类生存都会产生威胁。所以现在世界各国都在抓紧时间研制没有核辐射的可控核聚变技术。

太阳之所以能发出巨大的光和热，就是因为其内部发生的核聚变反应。核聚变释放的能量要比核裂变大得多，并且也不会产生核辐射。核聚变的反应燃料是氢的同位素氘和氚。氚的储量非常稀少，但可以通过人工制造得到。最方便的产氚方式是中子和锂的反应，而地球上的锂可以至少维持几万年。氘在地球上蕴藏极其丰富，根据已有的研究数据，地球海洋中的氘含量超过千万亿吨，按目前的能源消耗水平，几乎可以无限期地供我们使用。

相比之下，燃烧化石燃料（包括煤炭、天然气、石油等）会造成全球气候变化，因此产生的社会、经济成本非常之高，而水力发电与可再生能源（如太阳能、风能等）因受气候影响与地理环境的限制，且在没有合适的技术用于储存大量电力的情况下，将不能保证稳定的电力供应，从而无法满足不断增长的世界能源所需。

综上所述，和目前所知的能源相比，氘与氚核聚变产生的能源最理想，并且有可能成为人类能源的终极解决方案。

最新科研进展

ITER（international thermonuclear experimental reactor）是由欧盟、日本、美国、俄罗斯、中国、印度与韩国等国家于2005年决定合作建造的下一代国际热核实验反应堆。

ITER总部坐落在法国，计划2025年完成反应堆组装，2035年开始运转。据估计，在2050年以前，人类有可能开始使用核聚变能源。

5.3.4　AI技术赋予机器智能

人工智能专家指出：计算机不仅应该去做人类指定它做的事，还应该独自以最佳方式去解决许多事情，如图5.18所示是人类对智能机器人的畅想。

图5.18 会思考的机器人

比如说，核算水电费或从事金融业务的通用计算机的所有工作不过是准确无误地执行指令表，阿尔法围棋（AlphaGo）却会思考，它结合了数百万人类围棋专家的棋谱以及通过强化学习进行自我训练；作为阿尔法围棋的升级版，AlphaGoZero的能力则在这个基础上有了质的提升。最大的区别是它不再需要人类数据，也就是说，它一开始就没有接触过人类棋谱，研发团队只是让它自由随意地在棋盘上下棋，然后进行自我博弈。据阿尔法围棋团队负责人大卫·席尔瓦（Dave Sliver）介绍，AlphaGoZero使用新的强化学习方法，让自己变成了老师。

阿尔法围棋的成功说明了什么？

阿尔法围棋的成功，让我们看到了机器互补人类完成任务的曙光。从准确执行指令表到人工智能，人类在打造会思考的机器人的路上不断前行。

那么，目前的机器智能发展到什么水平了呢？

实际上，针对不同的应用场景，人工智能技术的实际应用水平也显示出高低不同的情况。

（1）工业机器人

它只能按照人给它规定的程序工作，不管外界条件有何变化，自己都不能对程序也就是对所做的工作进行相应的调整，如图5.19所示。如果要改变机器人所做的工作，必须由人对程序作相应的改变，因此它是毫无智能的。

图5.19　汽车制造厂车间的机器人在工作

（2）初级智能机器人

它和工业机器人不一样，具有像人那样的感知、识别和决策、行动能力。这种初级智能机器人已拥有一定的智能，例如语音助手、自动驾驶汽车等，它们在各自的专业领域都做得很好，IBM称之为"弱AI"。

进一步，有的机器人集程序化工作和一定的人工智能于一体，例如应用于养老院或社区服务的陪护机器人，具有生理信号检测、智能聊天、远程医疗等功能。如图5.20所示，机器人具有计算机视觉，可以在老人摔倒时通过动作识别和语音交互进行判断，并采取报警行动。

图5.20　智能陪护机器人在老人摔倒时报警

（3）高级智能机器人

高级智能机器人和初级智能机器人一样，具有感知、识别和决策、行动能力，所不同的是，在变化的世界中，它可以通过自我学习而获得改进，从而适应外界的变化。

这种机器人已拥有一定的自动规划能力，能够自己安排自己的工作。前面讲的AlphaGo能够通过深度学习完成围棋对弈的目的，按这个标准已经属于高级智能计算机了。

升级版的AlphaGoZero具备了自我学习的能力，通过自我博弈就独立发现了游戏规则，并走出了新策略。这反映升级版阿尔法围棋具有了更高的智能水平。

机器智能水平能否超过人类智能？

尽管机器人人工智能取得了显著的成绩，专家们认为它可以具备的智能水平的极限还远未达到。问题不光在于计算机的运算速度和感觉传感器的种类，还在于其他方面，例如缺乏编制机器人理智行为程序的设计思想。我们甚至连人在解决最普通的问题时的思维过程都没有搞清楚，又怎能掌握规律让计算机"思维"更智能呢？

因此正如前面所说，人类在认识自己方面，尤其是脑科学的发展不足，成为机器人发展道路上的最大障碍。一旦这个障碍被跨越，凭借超强的算力水平，人工智能一定能得到质的提升。

小结

智能机器人作为一种包含相当多学科知识的技术，几乎是伴随着人工智能而产生的。在可以预见的将来，机器人将不再是人类的辅助工具，人类将从目前的操控者逐步转向与机器交流和融合，其结果将是人类在解决面对的各种问题时具有更广泛的能力。

5.3.5　人类创造元宇宙文明

文明是人类社会不断发展创造的产物。纵观人类的发展史，在古代有两河流域、尼罗河流域、黄河流域的农耕文明；到了近代，因为物理学的发展又产生了全球范围的工业文明；目前人类正处在信息社会发展的关键节点上，而这个节点就是我们要建造的元宇宙。它赋予了我们无限的想象力，让我们有理由擘画明天的美好未来，如图5.21所示。

那么，未来元宇宙是否会成为一种文明形态呢？答案应该是肯定的。因为，我们要建设的元宇宙有其技术基础、经济体系和现实需求，未来我们还要建立一套新的道德伦理关系和政策法律体系，元宇宙将为人类建立一个"平行宇宙"。

图5.21　机器与自然共存的概念、想象力、常识灵感与计算

　　任何一个文明的存在都是因为它促进了人类社会的发展，人类因为有了这种文明而过上一种不同以往的更好的生活。农业文明为人类提供了可自主生产的粮食，使人们不再因为打不到猎物而挨饿；工业文明使人类的生活更舒适，例如可以使用空调来调节环境温度，用洗衣机来代替手洗，用汽车来代步，等等。进入信息社会，电子计算机的出现和互联网的发展给人们带来的则是信息处理和传播的便利，例如人们可以使用电脑快速处理或存储大量数据，或通过互联网把有用的信息迅速传给他人，而不用关心这个他人与你的距离是几公里还是上千上万公里。

　　我们还在不断构建信息社会的版图，如电子计算机、互联网和无线通信，那么元宇宙之后会是什么？作者认为元宇宙极可能是信息文明的集中体现：它以现有信息技术为基础，是基于人类各领域的需求而提出的一种虚拟世界的解决方案，同时又兼顾了现实物理世界的情况，如图5.22所示。

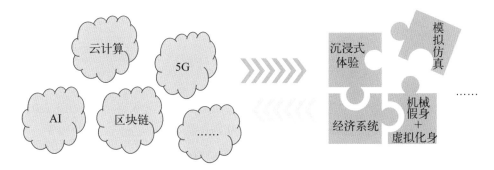

图5.22 人类创造元宇宙文明

按照目前的发展规划，当元宇宙进入成熟期，虚拟世界连成一个完整的平台，有统一的标准、协议和政策、法规，人类能够在物理与虚拟空间自由切换。那时的元宇宙是人们必不可少的去处，3D沉浸感为人类提供了堪比物理世界的感官体验，人类不但能够在这个世界中获取更加丰富多彩的精神满足，还能更有效地完成协作和创新、弥补在物理世界的缺憾，比如更加公平和更有效率。那时的元宇宙与现实世界的关系是互相促进的，人类从虚拟世界获得全面的信息，而从现实世界取得前行的能量。

我们可以合理想象，在元宇宙发展的未来时代，人类解决了机器智能威胁人类安全的问题，实现了人机共生的目标，人们通过元宇宙真正实现"海内存知己，天涯若比邻"的美好意愿。例如：通过虚拟替身完成跨越物理距离的社会交往、教育、金融等活动；通过机器人替身实现人类自身的"分身"功能。人类以元宇宙为载体，将获得摆脱空间限制的活动能力，从而突破物理距离对活动触达时间的限制，而这是之前无论哪一种文明都不能提供的。人类文明从此进入一个全新的阶段，可称之为"元宇宙文明"。

那时，人们使用元宇宙就像现在使用智能手机一样方便，但人们对虚拟空间的利用将深入到社会生活的方方面面。那时的仿真机器人、虚拟人将有自己的用户名和虚拟社会关系，他们将进入人类的朋友圈。由于人工智能已经完善，仿真人、虚拟人都有各自的独立性，人类的社会关系也成为现实世界和虚拟世界的总和，并且人类的能力借助虚拟世界得以拓展。

可以预见，人类将更有能力探索星辰大海、寻找自己的宜居星球，将元宇宙文明带到地外世界，这也是元宇宙最美好的未来。

参考文献

[1] 光大证券研究所. 通往真实的虚拟：道阻且长，为什么行则将至？[R/OL]. (2021-12-09)[2022-06-25]. https://www.ebscn.com/ourBusiness/jgzq/gdyj/.

[2] Jensen Huang. NVIDIA to Build Earth-2 Supercomputer to See Our Future[EB/OL]. (2021-11-12) [2022-06-25]. https://blogs.nvidia.com/blog/2021/11/12/earth-2-supercomputer/.

[3] 清华大学新闻与传播学院新媒体研究中心. 元宇宙发展研究报告2.0版@新媒沈阳团队[R/OL]. (2022-01-21)[2022-06-25]. https://weibo.cn.

[4] 泰伯网. 数字孪生地球：从理念到实践还有多远？[EB/OL]. (2020-11-25)[2022-06-25]. https://www.sohu.com/a/434333162_335896.

[5] 美国宇航员采用VR技术研究空间站微重力实验[EB/OL]. (2021-04-17)[2022-06-25]. https://c.m.163.com/news/a/G7OCCL6J05269O3G. html.

[6] 刘卫华. 波音与Varjo联手，为商业航天计划Starliner训练宇航员[EB/OL]. (2020-06-12)[2022-06-25]. https://news.nweon.com/75545.

[7] 在史密森尼国家自然历史博物馆，来一次《博物馆奇妙夜》之旅[EB/OL]. (2021-05-04)[2022-06-25]. https://www.sohu.com/a/464086105_120249769.

[8] 虚拟展览之"宋韵"[EB/OL]. [2022-06-25]. https://www.njmuseum.com.

[9] 这门课程在斯坦福大学需要全程在Quest中VR上课[EB/OL]. (2021-11-12)[2022-06-25]. https://www.sohu.com/a/500626991_213766.

[10] 陈丽姗. 元宇宙＋旅游业：3大典型案例和4种发展路径[EB/OL]. [2022-06-25]. https://new.qq.com/rain/a/20220313A08FA400.

[11] Taehyee Um , Hyunkyu Kim , Hyunji Kim, et al. Travel Incheon as a Metaverse: Smart Tourism Cities Development Case in Korea[J]. Information and Communication Technologies in Tourism 2022: 226-231.

[12] 陈丽姗. 元宇宙＋教育：典型案例和发展路径[EB/OL]. [2022-06-25]. https://www.01caijing.com/finds/report/details/317613.htm.

[13] 动脉网. https://www.vbdata.cn.

[14] Vicarious Surgical. https://www.vicarioussurgical.com.

[15] 安德鲁·纳伯格联合国际有限公司. www.nurnberg.com.cn/index.aspx.

[16] 中文科讯网. 未来，人类与机器究竟是什么关系？[EB/OL]. (2016-03-16)

[2022-06-25]. https://www.sohu.com/a/63625892_359359.

[17] 中国新闻周刊. 首个数字人将诞生 你愿意肉身消逝后灵魂永生吗?[N/
OL]. (2019-09-04)[2022-06-25]. https://news.sina.com.cn/s/2019-09-04/doc-
iicezzrq3291706.shtml.

[18] 科大讯飞机器人蓝图: 首发专业虚拟人, 未来机器人走进每个家庭
[EB/OL]. (2022-02-11)[2022-06-25]. https://baijiahao.baidu.com/s?id=
1724466151665421786.

[19] 百度百科. 虚拟世界[DB/OL]. [2022-06-25]. https://baike.baidu.com/
item/虚拟世界/859995.

[20] 未来论坛. AI+脑科学[EB/OL]. (2020-04-25)[2022-06-25]. www.futureforum.
org.cn/cn/nav/detail/487.html.

[21] 百度百科. 推进创新神经技术脑研究计划[DB/OL]. [2022-12-05]. https://
baike.baidu.com/item/推进创新神经技术脑研究计划/798231.

[22] 8年前, 欧盟砸10亿美元的人类脑计划, 如今怎么样了?[EB/OL]. [2022-
12-05]. https://new.qq.com/rain/a/20211119A0AUPA00.

[23] 百度百科. 量子计算[DB/OL]. [2022-12-05]. https://baike.baidu.com/item/量
子计算/11035661.

[24] IBM. https://www.ibm.com/cn-zh/topics/quantum-computing.

[25] quantum-centric-supercomputing: The next wave of computing [EB/OL].
[2022-12-05]. https://research.ibm.com/blog/next-wave-quantum-centric-
supercomputing.

[26] 国际原子能机构. https://www.iaea.org.

[27] 百度百科. 核聚变发电[DB/OL]. [2022-12-05]. https://baike.baidu.com/item/
核聚变发电/7637222#7.

[28] 百度百科. 智能机器人[DB/OL]. [2022-12-05]. https://baike.baidu.com/item/
智能机器人/3856.